思い出のブーケや庭の花をより長く楽しみ、暮らしに取り入れる

いちからはじめる
プリザーブドフラワーの作り方

長井睦美

誠文堂新光社

たとえば、大切な日にもらった花束、
たとえば、一目惚れして買った花屋さんの花、
たとえば、庭に咲いたお気に入りの植物。

やがて枯れていく儚さも美しいですが
うれしい記憶や思い出を留めておくように、
その花の姿をもっと長く楽しめるとしたらどうでしょう。

まずは、姿を留め置きたい花を
手に取ってみてください。

そうしたら次は、特殊な液に花を浸け込みます。
浸けている間は特になにもせず置いておくだけ。

徐々に色が抜けて白くなっていく花々は
まるで水中花のように幻想的な姿を見せてくれ、
制作過程の瓶ごとひとつのアートのような趣です。

花を脱色・脱水できたら
自分の好きな色に染めて乾かします。
ただ、それだけ。

それだけで花の美しさや質感はそのままに、
好きな色に色づいた花を
生花のときよりも長く楽しむことができるようになります。

そうした加工を施した花を「プリザーブドフラワー」
と呼びます。

既にプリザーブド加工された花が店で売られていて
それを使ってもの作りをするのもいいけれど、
作る楽しみ、思い出を閉じ込めるうれしさなど
さらなるハッピーをくれるのが
手作りプリザーブドフラワーのすてきなところ。

プリザーブドフラワーは長く愛でることができ
そのまま飾るにも、
フラワーボックスのようなギフトにするにも、
コーティングしてアクセサリーにするにも秀逸。

花に詰め込んだ記憶や気持ちとともに
その美しさを、ずっとあなたや
大切な誰かのそばに。

はじめに

幼いころ、周りに自然がいっぱいある中で育った私は、小さな可愛い花を見つけてはどうしても連れて帰りたくて、摘んでノートに挟んで、夜中にこっそりベッドの中でノートを開いては、とても幸せな気持ちになっていました。黄色、ピンク、赤……そんな花たちが色褪せるまで、手元に一緒に居てくれることがうれしかったのです。

小さかった私は花を保存する術は押し花にするしか知りませんでした。その後、自然に乾燥させるドライフラワー、シリカゲルに入れて作るドライフラワー、アメリカで出会ったフリーズドライフラワーなど、新たに方法を覚えては楽しんでいました。どの方法にも共通しているのは、花を保存するために水分を抜くことです。

プリザーブドフラワー作りはその水分を抜くことを、アルコールを主成分とした液体の力を借りて行います。その際、花の水分を特殊な液に置換させることで、花を縮ませずにきれいに残すことができるのです。少しだけ残念なのは、水分を抜くときに花の色素も一緒に抜けてしまうこと。けれどもそのおかげで、好きな花を元の色だけでなく、いろいろな色に染めて楽しむことができます。

今、既製品のプリザーブドフラワーも豊富になり手にすることも多くなりましたが、自分の手でオリジナルのプリザーブドフラワーを作る喜びは格別です。また、プリザーブドフラワーが作れることにより、既製品の取り扱いも上手になります。色褪せたものを染めなおすなどリメイクできるようになったりと、楽しむ幅が広がります。

プリザーブドフラワーを自分で作ることができると知り、夢中になって15年が過ぎました。きれいに咲いている花を自分の手でプリザーブドフラワーにできたときはうれしくて。あの、幼かったころの気持ちは、今も私の中で続いています。「自分でプリザーブドフラワーを作ること」は極上の趣味だと、今改めて感じています。

そんなプリザーブドフラワーが持っている素敵さ……作る楽しみ、飾る楽しみ、贈る楽しみ、そして身に着ける楽しみを知っていただきたいという思いで、本書を作りました。一人でも多くの方の、プリザーブドフラワーを楽しむきっかけになる一冊になれば、こんなにうれしいことはありません。

目 次

8 はじめに

Chapter 1

12 手作りプリザーブドフラワーで、こんなに楽しい！

14 特別な一輪を小箱に詰めて	▶作り方…*85*
15 ラッピング的ボックスフラワー	▶作り方…*86*
16 ふわもこミニリース	▶作り方…*88*
17 ピンクアジサイのフォトフレーム	▶作り方…*89*
18 透けるスズランの幸せブーケ	▶作り方…*90*
19 エアプランツ・モビール	▶作り方…*103*
20 野菜と果物ぎっしり！ 実りの立体アート	▶作り方…*92*
21 季節の花を、一年中	▶作り方…*93*
22 花の絵の具で描くキャンバス	▶作り方…*94*
23 フラワーアクセサリーケース	▶作り方…*95*
24 バラとアジサイの胸キュン花冠	▶作り方…*96*
25 バラの花びらのパーティーバッグ	▶作り方…*98*
26 ただ置くだけで、かわいい	▶作り方…*101*
27 大輪ダリアのディフューザー	▶作り方…*100*
28 小さな小さな鉢仕立てに	▶作り方…*104*
29 アースカラーのナチュラルブーケ	▶作り方…*102*
30 ペールブルーのホリゾンタル	▶作り方…*105*
31 ブルーローズのLシェイプ	▶作り方…*106*

32 季節のイベントにも、アイデアいろいろ

32 お正月のミニミニ門松	▶作り方…*108*
33 ひな祭りの菱餅として!?	▶作り方…*109*
34 愛するペットにお供えの花	▶作り方…*110*
35 手作りハッピーハロウィン！	▶作り方…*111*
36 秋の紅葉、お好きなときに	▶作り方…*112*
37 冬の木立と、温かな家	▶作り方…*113*

38 アクセサリーにだって、すてき

38・39 ヒメヒマワリの髪飾り	▶作り方…*116*
38・40 手元にバラ咲くうっとりリング	▶作り方…*115*
38・41 大きな花のシンプルコサージュ	▶作り方…*114*
42・43 ピュアホワイトのイヤーカフ	▶作り方…*118*
42・44 アシンメトリー・イヤリング	▶作り方…*120*
42・45 クチナシが揺れる上品ネックレス	▶作り方…*117*
42 小さなバラのピアス	▶作り方…*121*

46-47 column ウエディングのアフターブーケ

Chapter 2

48 プリザーブドフラワー作りの
基本、知識、テクニック

50-51 まず、大切な液のこと

52-53 道具のこと

54 基本の作り方 カーネーション

54 step0 まず、作り始める前に

55 step1 脱水・脱色

56 step2 保存・着色

57 step3 洗浄・乾燥

58-59 思い通りの色を出すための、着色テクニック

60-61 It's a colorful world!

62 プリザーブドフラワーにできる花、
いろいろ

62-63 バラ

64 トルコギキョウ／デンファレ

65 カスミソウ

66-67 季節の花[ヒマワリ、ガーデンシクラメン]

68 アジサイ

69 野菜＆果物

70 さらに楽しく！
応用テクニック

70-71 レインボーフラワー

72 リメイク／ワイヤリング

73 ルミナスフラワー／自然の色を残す

74 コーティング

75 バラ、1本丸ごと

76-77 プリザーブドフラワー豆知識

78-79 column ご当地プリザーブドフラワー！

Chapter 3

80 作ってみよう！
作品の詳しい制作プロセス紹介

82-83 作品制作のために、あると便利な道具

84 作品作りのハウツーページの見方

122-123 作品インデックス

124 column もっと本格的にプリザーブド
フラワーのことを知りたいなら！

125 著者プロフィール

127 おわりに

Chapter

手作りプリザーブドフラワーで、
こんなに楽しい！

―

手作りのプリザーブドフラワーを使って、どんなことができる？
思いを込めたギフトに、すてきなインテリアに、
とっておきのアクセサリーに。
いろいろに変化するプリザーブドフラワーの楽しみ方をご提案！

特別な一輪を
小箱に詰めて

存在感のある花は、たった一輪でも特別な贈りものになる。手のひらにおさまる小さな箱に詰めたのは、虹色のバラ。現実にはないファンタジックな花色はプリザーブドならでは。

| 作り方 | ▶*P.85* |

ラッピング的
ボックスフラワー

艶やかなチューリップとカーネーションを、大人色の黒に。その黒の絨毯の上にそっと銀の贈りものを置いて。フラワーボックスをプレゼントのラッピングに見立てて贈るアイデア。

| 作り方 |　▶*P.86* |

ふわもこミニリース

テマリソウのイエローリース、アジサイのグリーンリース、センニチコウのピンクリース。
生花の質感が残るプリザーブドフラワーなら、ふわふわもこもこ、手触りも楽しいリースに。

|作り方| ▶ P.88 |

ピンクアジサイのフォトフレーム

とっておきの一枚を飾るなら、フォトフレームだって特別なものにしたい！ 廉価なフレームも上からプリザーブドフラワーを貼り付けるだけで、こんなにかわいくリメイク可能。

| 作り方 | ▶ *P.89* |

透けるスズランの
幸せブーケ

幸せを運んで来てくれる花、スズラン。プリザーブドにすると真っ白な花が少し透けるようになり、より幻想的な姿に変身。枯れることのないスズランを束ねて、永遠の幸せを大切な人に。

| 作り方 | ▶ *P.90* |

エアプランツ・モビール

丈夫なようでいてうっかり枯らしてしまいがちなエアプランツも、プリザーブド加工すればそんな心配はご無用。ツンツンと愛らしい姿をモビールの枠に入れてオブジェに仕立てて。

| 作り方 | ▶P.103 |

野菜と果物ぎっしり！
実りの立体アート

スライスしたレンコン、粒々かわいいスイートコーン、キンカンにイチジクにキノコまで。100円ショップで買い求めたプチプラ木箱に野菜や果物を詰め込んで。さながら立体的アート！

| 作り方 | ▶P.92 |

季節の花を、一年中

庭に咲いた大好きなプルメリアをずっと見ていられたらと、プリザーブドフラワーに。フレームのイラストを生かして花を配置しました。ひと時だけの季節の花を、長く楽しめる魔法。

| 作り方 | ▶*P.93* |

花の絵の具で描く
キャンバス

真っ白なキャンバスを彩るのは、絵の具ではなくプリザーブドフラワー。好きなところに好きな花をペタリと貼って。空いたところに文字を書けばウエディングのウエルカムボードにも。

| 作り方 | ▶P.94 |

フラワーアクセサリーケース

アクセサリーやお菓子など、小さなものを入れるのに最適な小物入れ。透明なフタがあるので中のものがホコリをかぶらず、中身も見えて機能的。好きなものを入れて楽しんで！

| 作り方 | ▶*P.95* |

バラとアジサイの
胸キュン花冠

柔らかな花の質感を保ちつつも枯れないプリザーブドフラワーは、花冠など身につけるものの素材にぴったり。バラとアジサイの冠は、身に着ければ自分も周りも胸キュン間違いなし!?

| 作り方 | ▶ *P.96* |

バラの花びらの パーティーバッグ

贅沢にバラの花びらを敷き詰めたバッグは、圧巻の華やかさとインパクト。力が抜けたナチュラルスタイルに合わせても、ハードな服装に合わせてもキマるエッジのきいたアイテム！

| 作り方 | ▶ *P.98* |

ただ置くだけで、かわいい

普段アクセサリーや鍵を置いているような何気ない場所に、ポンと一輪。美しく仕上がったお気に入りのプリザーブドフラワーを置くだけでも、うんとかわいい。日々のちょっとした幸せ。

| 作り方 | ▶ *P.101* |

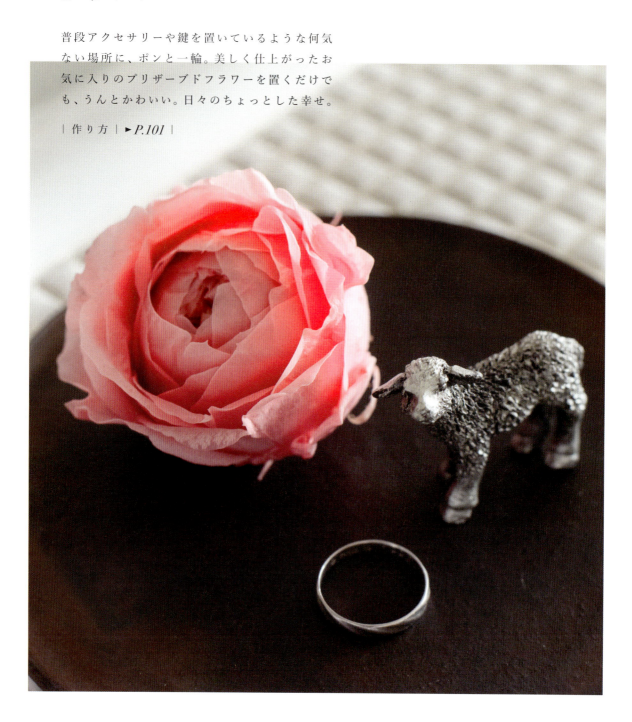

大輪ダリアの
ディフューザー

うっとりするような大輪のダリア。プリザーブドフラワーにするのは少し難しいけれど、うまくできればこんなにきれい。シンプルなディフューザーもダリアで高級感アップ！

| 作り方 | ▶*P.100* |

小さな小さな鉢仕立てに

プリザーブド加工した枝や花を自由に組み合わせて、小さな鉢ものに仕立ててインテリアに。実際の花ではありえない組み合わせにしても楽しい。水やり不要で管理の手間入らず。

| 作り方 | ▶ *P.104*

アースカラーの
ナチュラルブーケ

カラフルに染められるのが魅力のプリザーブド
フラワーだけれども、あえてナチュラルな色に
するのも美しいもの。白いフランネルフラワー
とシックなユーカリをざっくりとブーケに。

| 作り方 | ▶ *P.102* |

ペールブルーの
ホリゾンタル

手を広げたような形が優美なホリゾンタルのアレンジメント、主役はペールブルーに染めたデルフィニウムで。このような手の込んだ作品は難しい分作る楽しみがあり、夢中になれる。

| 作り方 | ▶P.105 |

ブルーローズのLシェイプ

1本茎ごとプリザーブドフラワーにしたバラは、茎の長さを生かしてL字を描いたようなアレンジメントに。きりりと鮮やかなブルーローズが目を引く、スタイリッシュなオブジェの完成。

| 作り方 | ▶*P.106* |

■ 季節のイベントにも、アイデアいろいろ

お正月の
ミニミニ門松

プリザーブドのキク、トクサに水引を
ちょこっとあしらって、卓上に飾れる
ミニミニ門松に！　何個か花材違いで
作って並べてみれば楽しさ倍増。

| 作り方 | ▶ *P.108* |

ひな祭りの
菱餅として!?

桃色、白、緑の菱餅カラーに染めたハボタンは、一風変わったひな祭りの立役者。ハボタンはプリザーブド加工の失敗が少なく形もさまざまありおすすめ。

| 作り方 | ▶ *P.109* |

愛するペットに
お供えの花

お盆や命日などには、大切な家族の一員だったペットのためにもお花を用意したいもの。在りし日の姿を思い出しながら、思いを込めた花を。

|作り方| ▶P.110 |

手作り
ハッピーハロウィン！

丸ごとプリザーブドにしたカボチャに、カボチャの実に見立てて黄色く染めたカスミソウをイン。ルナリアの透けるランプも合わせて、さぁ、パーティー！

| 作り方 | ▶P.111 |

秋の紅葉、
お好きなときに

赤に黄に、艶やかに変化する葉の色は秋の風物詩。人気スポットは人でいっぱいだけれど、こうすればいつでも自宅で贅沢に紅葉狩り。小さな苔玉風に仕上げた。

| 作り方 | ▶ *P.112* |

冬の木立と、温かな家

雑貨店で見つけた木のミニハウスにカスミソウを飾り、同じ色に染めたコチアを木に見立てて冬の街に！　クリスマスにはサンタや雪だるまも並べて。

| 作り方 | ▶ P.113 |

◼ アクセサリーにだって、すてき

大きな花の
シンプルコサージュ
| 作り方 | ▶ P.114 |

手元にバラ咲く
うっとりリング
| 作り方 | ▶ P.115 |

ヒメヒマワリの
髪飾り
| 作り方 | ▶ P.116 |

ヒメヒマワリの髪飾り

バックスタイルのアクセントに、元気な
ヒメヒマワリの髪飾り。山吹色ならば、
和装にも似合いそう。

| 作り方 | ▶ P.116 |

手元にバラ咲く
うっとりリング

手元にバラが咲いたような、うっとりする美しさ。繊細な花を身に着けると自然と振る舞いも上品になるもの。

| 作り方 | ▶ *P.115* |

大きな花の
シンプルコサージュ

ダークグリーンのクリスマスローズが大人な表情。普段服にプラスするだけで、ちょっとよそ行きにカジュアルアップ。

| 作り方 | ▶ *P.114* |

アシンメトリー・
イヤーリング
|作り方| ▶P.120|

ピュアホワイトの
イヤーカフ
|作り方| ▶P.118|

小さな
バラのピアス
|作り方| ▶P.121|

クチナシが揺れる
上品ネックレス
|作り方| ▶P.117|

ピュアホワイトの
イヤーカフ

ホワイトスターを重ねて作ったイヤーカフは、横顔の女性らしさを高める秘密兵器。ピュアな白の優しさを纏わせて。

| 作り方 | ▶ *P.118* |

アシンメトリー・イヤリング

あえて左右で色の違う花を、一対のイヤリングに。グレーとパープルのクラシカルな非対称が、モードさを醸し出す。

| 作り方 | ▶ *P.120* |

クチナシが揺れる
上品ネックレス

ここぞというときに身に着けたい、花の
アクセサリー。華やかながらもエレガン
トな花は、コーデの主役級の存在感。

| 作り方 | ▶*P.117* |

column

ウエディングの
アフターブーケ

この両ページのブーケ、一見別のものと思うかもしれませんが、どちらも同じブーケです。左側が生花のブーケで、右側がその生花のブーケをプリザーブドフラワーにしたもの。こうすれば、ウエディングで持ったブーケを長くインテリアとして楽しむことができ、見るたびにすてきな思い出が蘇ってきます。これを私はウエディングのアフターブーケと呼んでいます。

〈P.46〉真っ白なカラーが美しいウエディングブーケ。白いカーネーションも合わせて清楚でトラディショナルな印象に仕上がっています。すべての花でこの手法が使える訳ではないので、もしブーケをプリザーブドフラワーにしたいと思ったら、カーネーションなどプリザーブド加工しやすい花を選ぶことをおすすめします。

〈P.47〉左のブーケをプリザーブドフラワーにしたもの。作り方は、生花のブーケの花を全部1本ずつバラにして脱水液に浸け、それぞれ染めたい保存・着色液に浸けます。このブーケでは白いカラーを上品な紫とピンクに染めました。花をプリザーブド加工できたら、生花のブーケを作るのと同じように組み立てて完成です。

before...

after!

Chapter

2

プリザーブドフラワー作りの
基本、知識、テクニック

—

プリザーブドフラワーを手作りするための基本の「き」。
これさえマスターすれば、初心者さんでも
すぐに始めることができます。
さらに一歩踏み込んだ応用テクニックまで、あれこれ。

まず、大切な液のこと

プリザーブドフラワーを手作りするのに欠かせないのが、プリザーブドフラワーの加工液。用途や色によって多種多様にありますが、基本は2つだけ。花の脱水・脱色に使う「脱水液」と保存・着色のための「保存・着色液」です。

基本はこの2つ！

脱水液

アルコールが主成分の脱水液。水分とこの脱水液が花の中で置き換わることで、脱色が起きる。使い方は花を長時間浸けておくだけというシンプルさ。2〜3回繰り返し使える。

保存・着色液

着色のための液で、色のバリエーションも豊富。溶剤、水性の2タイプあり、溶剤の方が色の定着が良く濃く、ダークな色が多め。水性は色の定着が溶剤タイプより弱く、紫外線にも弱めだが、淡くきれいな色が魅力。5〜10回繰り返し使える。

○アルコール成分なので火気に注意、特にタバコには注意する。
○作業中は室内の空気をこまめに入れ替えること。
○液の保管は直射日光と寒いところを避ける。温度が下がって液が固まってしまったら35℃以下のぬるま湯で湯煎する。

もっと知りたい！
保存・着色液について

保存・着色液はものによって数種類あります。たとえば比較的ポピュラーなメーカーの液は「B液」「新B液」「特新B液」の3種類に分けられ、それぞれに溶剤、水性があります。特徴を知り使い分けましょう。

（ B液 ）

もっともスタンダードな着色液。基本はこれを使えばOK。

（ 新B液 ）

液がサラサラしていて細かい花向き。洗浄をすると液が抜けるので、洗浄はしないかほんの少しに留める。

（ 特新B液 ）

乾きが良く梅雨時など湿度が高い時期に重宝。B液より仕上がりの花の質感が硬めになる。

―― 色 ――

（以上溶剤）

（以上水性）

―― 色 ――

（以上溶剤）

（以上水性）

―― 色 ――

（以上溶剤）

（以上水性）

Memo

あると便利！なイチオシ液

1本だけでOKなタイプも
左ページの脱水液と保存・着色液の2つを使わなくても、1つの液だけでプリザーブドフラワーができる液もあります。使える花や植物の種類を選びますが使い勝手は抜群です。

クリアに

透明の溶剤。脱水・脱色したままの色で保存したいときや、ほかの着色液を薄める際に使う。色のバリエーションを増やすのにも大活躍。

バラに

「バラ・アジサイ専用液」はこの溶液に3日以上浸けておくだけで完成。バラとアジサイ専用の液だが、ほかの花でもきれいにできる場合もあるので挑戦してみても。

葉や小花に

「葉専用液」は植物が水分を吸い上げる力を利用してプリザーブドに加工できる優れもの。カスミソウやススキ、ルナリア、エノコログサなどいろいろな葉や小花に適している。

51

道具のこと

前ページで紹介した加工液以外に、あると便利な基本の道具はこちら。ただ必ずしも同じものである必要はなく、こうした用途で使えるものであれば大丈夫です。

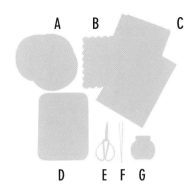

A 紙皿

液に浸けた花を乾燥させるときに台として使用する。紙コップも同じように使えるので、あるとなおよい。なければ古新聞などで代用しても。花の色が混ざらないようそのつど使い捨てる。

B 猫よけネット

花壇用のプラスチック製の猫よけネットは、花の乾燥に活躍。花びらがペタンとならないように乾かせるので、花の形が崩れずきれいに仕上がるのがポイント。ホームセンターほか100円ショップなどで手に入ることもある。

C 古新聞

溶液の飛び散りなど汚れを防ぐために敷く。溶液に含まれている染料の色はなかなか落ちにくいので、作業の際は古新聞や防水シートなどを敷いておくのが吉。

D バット

容器から取り出した花を置いたり、猫よけネットの受け皿にしたりするために用いる。一つあれば重宝する。料理用のトレイなどでも代用可。

E はさみ

花の下処理やさまざまな場面で使用する。欲を言えばよく切れる花用のはさみがベター。ワイヤーを切る場合はワイヤー専用のはさみがおすすめ。

F ピンセット

加工を直接手で触らずピンセットで作業すると、手荒れが防げる。溶液から花を出し入れするときや花の形を整えたり、細かい作業をするのにも使える万能選手。ビニール手袋もあるとよりスムーズに作業ができる。

G フタ付き容器

脱水、着色、洗浄など、プリザーブドフラワーの加工に必須。溶液の蒸発を防ぐため、必ずフタ付きにすること。花のサイズに合わせてジャムの空き瓶などの密閉容器類を用意。ただしアクリル素材は避ける。

基本の作り方

花の種類ごとにちょっとしたコツや違いはあるものの、基本の工程はほぼ同じ。まずはプリザーブド加工をするのにもっとも簡単で失敗の少ない花、カーネーションで基本をマスターしましょう。

カーネーション

step 0
まず、作り始める前に

プリザーブドフラワーにするには、花の状態が良いことが大切。しおれたり元気がなくなってしまう前に、しっかり水を吸わせてあげてから加工を始めます。花のチェックポイントはこの通り。より良い仕上がりのために、よ〜くチェックしてください。

花
花びらに傷がなく、ふっくらとハリがあり、つけ根や裏側が茶色に変色していないもの。花びらの先端が透けたようになっていなく、色が良く瑞々しいかも確認！

ガク
茶色に変色していないものがベター。ガクが新鮮だと花も新鮮。

茎
傷がなく瑞々しく、切り口が新しいもの。切り口が変色していると鮮度が落ちている印。

葉
ツヤとハリがあり、色あせたものや枯れた葉がついているものは避ける。

実
植物の実を使う場合は、色が良く瑞々しいものを選ぶようにする。

--- Memo ---

花によく水を吸わせるための方法を「水あげ」といい、花ごとに手法が異なります。ここでは主な4つをご紹介。

◆ **水切り**
水中で茎をはさみを使って斜めに切る。カーネーション、バラ、チューリップ、カラーなど、ほとんどの花に適した方法。

◆ **水折り**
水中で茎を折ることを指す。ユキヤナギ、ドウダンツツジ、キク、マーガレットなど、茎がポキッと折れるものに適す。

◆ **湯あげ**
茎の根元を約20cm残し新聞紙で包み、3〜4cmの深さの熱湯に茎の根元を20秒ほど浸けたら、冷水に入れる。キンギョソウ、ストック、スターチス、ユーカリ、ミモザなど。

◆ **深水**
植物を新聞紙で包み、花首のすぐ下まで水に浸ける。ほかの方法と併用するとよい。アイリス、ショウブなどの湿地の花をはじめ、いろいろな花に適している。

脱水・脱色

花の持つ水分を脱水液に浸けて抜き取ります。同時に脱色も起こります。

1

花の下の茎の部分を2〜3cmほど残して切る。花によっては長い茎ごとプリザーブドフラワーにできるものも（カスミソウやレースフラワーなど）。

2

容器に脱水液を、花全体が浸かる量まで入れる。

3

脱水液に花を浸けたら、ピンセットかビニール手袋をはめた手で茎を掴み、溶液の中で軽く揺り動かし、花びらの間の空気を抜く。

4

フタをして置く。12時間以上が目安。ガクの色が抜けて白くなれば脱水・脱色完了の合図。

Memo

花をより白く脱色する

花の種類によってきれいに色が抜けるものと、少し色が残ってベージュっぽい白になってしまうものがあります。それは生花の状態からはわからず、実際に脱水液に浸けてみてはじめてわかります。たとえば真っ白な花でも花の色を作っているアントシアンの多さなどによって、くすんだ白に仕上がるものも。

そこで有効なのが「ダブル脱水」という手法。上記の脱水・脱色の工程を2回繰り返します。新しい脱水液で再び脱水・脱色することで、花をより美しい白に。ダブル脱水した花をクリアの保存・着色液に浸けて仕上げれば、クリアな白い花のできあがりです。

左／花の色素が溶け出して黄緑色になった脱水液から、新しい脱水液に花を移動する。右／ダブル脱水したバラ。白さが際立つ。

保存・着色

水分を抜き取った花に、水分代わりに保存液をしみ込ませます。着色も同時に行われます。

1

容器に花全体が浸かる量の保存・着色液を入れる。液は好きな色をチョイスする。ここでは「クリアオレンジ」(溶剤)を使用。

2

ガクの色が抜けて白っぽくなり脱水・脱色が済んだ花を、1に入れる。脱水・脱色した後の脱水液は葉緑素が溶け出して、淡い黄緑色になっている。

3

もし花が液から飛び出しているようなら、キッチンペーパーで落としブタをするとよい。

4

フタをして12時間以上置く。花全体に色が吸収されれば着色完了!

Memo

楽々ワンステップで!

通常は脱水・脱色の「脱水液」と保存・着色の「保存・着色液」の2種類の液を使ってプリザーブド加工をしますが、花によっては1つだけの液で完結できるものもあります。

バラなら「バラ・アジサイ専用液」に浸けるだけで脱水→着色まで完了。草系は吸い上げ式の「葉専用液」1つでプリザーブドになる。

洗浄・乾燥

水分と保存液を置換し、色をつけた花を洗浄、乾燥してきれいに仕上げます。

1

12時間以上置いて着色した花を再び脱水液に入れ、数秒優しく揺り動かし、余分な着色料を落とす。長い間浸けているとせっかく浸けた色が落ちてしまうので、あくまでもさっと行う。

2

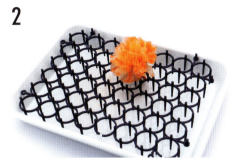

洗浄した花を乾かす。猫よけネットや紙皿など、色移りしても問題ないものの上で乾かすこと。乾燥時間は温度や湿度により変わってくるが、2〜3日から1週間程度が目安。

3

早く乾かしたいときはドライヤーを使うとよい。花びらは繊細なので優しく丁寧に、弱風をあてる。

4

完成！

完全に乾けば完成。すぐに飾らないときは箱に入れて、強い光が当たらないように保管しよう。

Memo

洗浄アレコレ

着色した後の洗浄は、実はとっても大切な工程。これを省いてしまうと花の表面に着色液がべったりとついてしまい、花びらの質感をそこなってしまったり、色移りしやすくなる原因になったりします。ただし、液によっては洗浄してはいけないものもあります。たとえば「バラ・アジサイ専用液」や「葉専用液」など1種類の液でプリザーブド加工が完結するものの場合は、洗浄はいりません。

思い通りの色を出すための、着色テクニック

着色液の色はバリエーション豊かでカラフルですが、混ぜ合わせたりすることで自分だけの色を作ることもできます。少し薄くニュアンスある色味にしたり、微妙な色合いにしたり。色作りを覚えると楽しさの幅がぐっと広がりますよ！

着色テクニックその1
着色液を混ぜ合わせる

50ページで紹介した「保存・着色液」を絵の具のように混ぜて、新たな色を作る。注意点は「水性は水性と、溶剤は溶剤と混ぜる」こと。水性と溶剤の液を混ぜることはNG。

例：水性のライトグリーン …「保存・着色液」水性の「レモンイエロー」+「スカイブルー」

1
保存・着色液のレモンイエローを容器に入れ、そこにスカイブルーをゆっくりと足していく。薄い色→濃い色の順に入れるのが大切。先に濃い色を入れてしまうと色の変化がわかりづらいので。

2
好みの色合いになるまで液をブレンド。この液の色で、仕上がりは上記の写真のようになる。濃い色の場合は実際の色が判断しにくいため、コピー用紙等白い紙の上に液を少し落として色を確認。

3
色ができたら、脱水・脱色した花を入れ、あとは保存・着色、洗浄・乾燥の手順に沿って制作して完成。

着色テクニックその2
「保存・着色液」の「クリア」に色を混ぜる

51ページで紹介した「保存・着色液」の「クリア」に色を入れることで、微妙な色の濃淡を表現することができる。入れる色は複数でも可。淡く透明感のある色が、花の繊細さをより引き立てる。

例：ペールグレー …「保存・着色液」の「クリア」+「保存・着色液」の溶剤「ブラック」

1 「保存・着色液」の「クリア」を容器にたっぷりと入れ、そこに薄めたい色の着色液を加える。ここではブラックをセレクト。液はピンセット等で数滴ずつ入れると、色を繊細に調整できるのでおすすめ。

2 1をよくかき混ぜながら、色を作っていく。濃い色の液は少し入れただけでもかなり濃くなるので、ちょっと足しては混ぜて色を確認しながら進めると安心。薄い色にしたい場合は特に気をつけて作業を進めよう。

3 色ができたら、脱水・脱色した花を入れて着色〜乾燥させて完成。液の色が濃く見えても、仕上がりは作例のような薄い透明感のあるグレーになる。

Memo

偶然色が残ることも……

花の中には「脱水液」に浸けて脱水・脱色しても、色が完全に抜けないものがある。それは見た目の花色とは関係がなく、元々花が持つ色素によるものなので、実際に脱水・脱色してみるまでわからない。ブーゲンビリア、ケイトウ（ダークレッド）、センニチコウ（ピンク）などが比較的色が残りやすい。

完成例

1 ブーゲンビリアを脱水液に1日浸けた様子。少し脱色されてはいるものの、本来の色がかなり残っている。

2 1を保存・着色液の「クリア」に入れる。このまま約1日放置してから取り出して乾燥させる。

It's a colorful world!

手作りプリザーブドフラワーの醍醐味は、自分だけの色の花を作れること。混ぜ合わせた液を駆使すれば実際にない不思議な色の花だって、プリザーブドフラワーでなら作れちゃいます。カラフルって楽しい！

プリザーブドフラワーに
できる花、いろいろ

肉厚でしっかりとした花がプリザーブドフラワーに加工するのに向いています。
まずはとにかく新鮮であること。
同じ花でも品種や状態によって、向き不向きがあります。

バラ

世界中で愛されている花、バラ。それだけに数多の種類があり、その種類によってプリザーブド加工するコツも少し違ってきます。ここでは大まかに3種類に分類してコツを紹介。基本的に着色したい色と同系色の花を使用すると仕上がりがきれい。ただ、慣れるまでは花色よりも花びらが厚くしっかりした花を選ぶことが成功の秘訣です。

スタンダード

1本の茎に、比較的大きめの一輪の花が咲いているタイプの花を「スタンダード」と呼びます。プリザーブドにしやすい品種としては、イルゼ、スカイライン、デリーラ、ロレーナ、ベンデラなど。

プリザーブド加工のコツ

スタンダードのバラは基本の作り方でOK。写真のバラ'イルゼ'はきれいに脱色しやすい品種でおすすめ。

上品な花形に合うシックなグレーに

着色後の様子

スプレー

1本の茎に小さい花が何輪も咲いているものを「スプレー」と呼びます。花が小さく色が薄いものが多いので脱色、染色しやすいのが特徴。向いている品種としてはリディアやマニッシュ。花が小さなリトルウッズは茎ごと加工してもきれいです。

プリザーブド加工のコツ

まとめて液に浸けても問題なく、一度にたくさん作りやすい。小さなバラはサイズ的にアクセサリー作りにもぴったり。

愛らしくパステルカラーで

着色後の様子

オールドローズ系

比較的新しく品種改良されたモダンローズと対照的に、古くからあるバラの要素を留めた品種をオールドローズと呼びます。切花として出回っているのは厳密にはオールドローズそのものではありませんが、花姿が優雅で人気です。

元の色に近い艶やかなピンクに

着色後の様子

プリザーブド加工のコツ

花の頭が大きく花びらも茎も繊細なので、扱いは丁寧に。写真はイブピアッチェという品種。このような濃い紫の花は色がきれいに抜けにくく、形も崩れやすいので作るのが少し難しいが、既製品にはない美しさが楽しめる。花びらが柔らかくて形がまとまらない場合は、バドミントンのシャトルを使って形を保たせる。シャトルはゴム部分を取り外し、そこに茎を通す。茎の先端はクリップで留めて固定。

トルコギキョウ

近年品種改良が進み、バラのようなゴージャスさを持つものも増えて人気が高まっている花です。

プリザーブド加工のコツ

花びらの多い八重咲きタイプがプリザーブド加工向き。花びらが多く柔らかいので花形が崩れやすいが、乾燥の際にキッチンペーパーを折り重ねたものを差し込んでおくと崩れが防げる（写真左下）。キッチンペーパーの優しい反発力がちょうどいい具合に作用する。

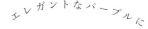
着色後の様子

エレガントなパープルに

蕾も一緒に加工。蕾のプリザーブドフラワーは既製品にはないので貴重！

デンファレ

日持ちが良く、長く楽しめるのがうれしいランの一種。お供えの花としてもポピュラー。

着色後の様子

キュートなクリアオレンジに

プリザーブド加工のコツ

下から花が咲いていき、上にいくほど花が新鮮。下の方は花びらが薄く傷ついてることもありプリザーブド加工には向かないので、下から2番目以上の花を使うことが大切。蕾もいっしょに加工することができる。

カスミソウ

白い小さな花が星のようにかわいらしい花。
カスミソウは液に浸けるのではなく、葉専用液を吸わせます。

プリザーブド加工のコツ

容器に2〜3cmほど葉専用液を入れ、そこにカスミソウを挿し2〜3日以上浸けておく。水の代わりに葉専用液を吸わせるだけで、きっちりプリザーブドフラワーになるので簡単。花の先端まで染まったら完成。

葉専用液の色は青、黄、赤の3色だけだが、混ぜることでたくさんの色を作ることができる。たとえば下の写真は青＋黄で色を調整したカスミソウ。各色の分量ででき上がりの色も微妙に違ってくる。

同様の葉専用液を吸わせる方法で、いろいろな葉もののプリザーブド加工が可能。ススキやネコジャラシなど、とりどりの色に染めるとなんとも不思議な美しさに。いろいろな色を吸わせたカスミソウは、遠くから見るとふわふわ空気を染めるような愛らしさ！

着色後の様子

季節の花

季節の花は、意外とプリザーブドにしやすいものが多いので、ヒマワリやシクラメン、ケイトウ、ハボタン、コデマリ等、その時期にしかない花を通年楽しめるようにするのも特別感があっておすすめです。

ヒマワリ

元気で夏といったらこの花！ というほどイメージの強い存在。手のひらサイズの切花のヒマワリは、上手に作れば咲いている状態と遜色のない美しさに仕上げられます。花びらは根気よく手でしわを伸ばします。

プリザーブド加工のコツ

脱水液で脱水・脱色後、保存・着色液のイエローで着色。色むらがあるところは「バラ・アジサイ専用液」のイエローを筆で塗ってカバーするときれい。花びらがよれてしまったら、ビニール手袋をはめた手で優しくなでるように伸ばすと形が整う。

Memo

100円ショップなどで売っている造花の、花部分をすっぽりと抜き取ってプリザーブドにしたヒマワリに差し替えるだけで、まるで本物のような状態に！ 接着部分にはボンドをつけると安心。

> ガーデンシクラメン

赤やピンク・白で、寒い季節の花壇を華やかに彩ってくれる小さな花。園芸用のガーデンシクラメンは繊細な姿がとても可憐です。茎が細くて華奢な分、補強してプリザーブドフラワーにしてあげます。

プリザーブド加工のコツ

ガーデンシクラメンのような茎が細い植物は、茎の部分がプリザーブドフラワーの制作中に折れやすいので、脱水液に浸ける前にワイヤーを通しておくと良い。葉にもワイヤーを通しておくと後でアレンジのときに便利。ワイヤーは#26がおすすめで、花の資材店や手芸店などで購入可能。脱水液で脱水・脱色後、花は保存・着色液のレッド、葉はグリーンでそれぞれ染め分ける。

ヒマワリとガーデンシクラメンをプリザーブドフラワーにした様子。まるで生花さながらの風合い！

(着色後の様子)

アジサイ

ドライフラワーになりやすく人気の花、アジサイ。プリザーブド加工はドライよりも手間がかかりますが、その分、生花のときの柔らかな質感を残すことができるので、花冠やアクセサリーに使ってもパリパリと花びらが崩れることがありません。

プリザーブド加工のコツ

プリザーブド加工の手法は2つある。

手法1

基本の作り方と同じ方法

脱水液で脱水・脱色後、保存・着色液で好きな色に着色。写真は脱水液に浸けた状態のアジサイ。色が抜けてアンティークな風合いで、このまま飾っていても絵になる存在感！

手法2

バラ・アジサイ専用液で作る方法

容器にアジサイとバラ・アジサイ専用液を入れて、色がまんべんなく行き渡るように時々振り、置いておくだけ。洗浄も不要。液はアジサイ全体が浸かる量がなくても大丈夫。染まっていないところは容器をひっくり返すなどして全体を染めていく。液には3日間ほど浸ける。

ふわふわ気持ちの良い質感に

着色後の様子

Memo

アジサイはドライフラワーもプリザーブドフラワーにすることができる。ドライになっているアジサイは脱水工程が不要。上記の手法2の方法でプリザーブド加工を行おう。

野菜 & 果物

花だけでなく、なんと野菜や果物もプリザーブド加工することができます。
野菜や果物のキャッチーなフォルムやコロンとした愛嬌は、
作品作りのアクセントにもってこいです。

プリザーブド加工のコツ

野菜全般にいえるのは、すべての液で長く浸けて置いた方が良いということ。最低でも1日から5日間、理想は1週間から2週間以上しっかり浸け込むと美しくできあがる。基本はすべて脱水液で脱水・脱色後、保存・着色液で好きな色に着色。脱水・脱色後きれいに色が残ったものは、その色を生かすために保存・着色液のクリアを使って仕上げるとよい。

Memo

脱水液、保存・着色液ともに新しいものでなくても大丈夫。たとえば一度プリザーブドフラワーにしたあとの液を再利用しても問題ない。
野菜すべてがプリザーブドフラワーにできるわけではなく、ダイコンやジャガイモなどは難しい。

丸ごとでも、スライスしたりしても、それぞれに形が個性的！

着色後の様子

さらに楽しく！
応用テクニック

基本の作り方をマスターしたら、もっとプリザーブドフラワーを楽しむための応用テクニックをどうぞ。作品のアイデア、幅が広がること請け合いです。

レインボーフラワー

名前の通り、虹色の花を作る手法です。基本プリザーブドフラワーは液に浸け込むので単色になりますが、この手法ならば一つの花の中に複数の色を入れることができます。

【用意するもの】
再染色液

一つの花で色を重ねたり、色褪せた花を再び染色するための液。今回はピンク、イエロー、ブルーを使用。混ぜて色を作ることもできる。

作り方

1
再染色液をそれぞれ器に出す。着色するのは白いプリザーブドフラワー。濁りのない白の方が色をつけやすいので、市販のプリザーブドフラワーを用意すると確実。バラにはワイヤーをかけると作業がしやすい（ワイヤーのかけ方はP.72 memo参照）。

2
花全体の1/3程度を、10秒程度イエローの液につける。薄い色の液からつけていくと、きれいに色が混じり合う。

3
花を液から上げて、余分な液をティッシュ等で拭き取る。ワイヤーがついていない花の場合は、ピンセットで作業すると手が汚れなくてよい。

4

花の顔を上に向けないようにして乾燥させる。写真下のように何かに引っ掛けて下向きに乾燥するのがベスト。

point!

染色作業中は決して花の顔を上に向けない。液が乾かないうちに花を上に向けてしまうと余計な液が奥に入り込んで乾きが悪くなる。さらに色を重ねていったときに色が混ざり濁ってしまう。写真下・左は染色中に花の顔を上に向けてしまった様子。色が混ざり合って鮮やかでない。ただし渋めのレインボーにしたい場合はあえて色を混ぜても楽しい。早く乾燥させたいときはドライヤーを使う。花の顔を上に向けないよう、写真下・右のようにドライヤーを下からあてること。

5

イエローが乾いたら、次はピンクの液に浸け、乾燥させる。イエローと同様の手順。

6

ピンクが乾いたら、最後にブルーの液に浸け、乾燥させる。

7

しっかり乾かしたら完成！

Memo

乾燥後、もし花の白い部分が気になるようだったら、ピンセットに再染色液を浸けて少しずつ色をつけていく。色はレインボーにしても、写真右のように２色だけで楽しんでもお好みで！

リメイク

古くなり色褪せた花をリメイクする方法です。
花の雰囲気をガラリと変えるときにも使えます。
いろいろな色で試してみてください。

【用意するもの】

再染色液

レインボーローズを作るのと同じ液。P.70参照。

バラ・アジサイ専用液

再染色液にない色は、この液で代用できる。色が豊富。詳細はP.51参照。

作り方

再染色液を使って

筆で白い花に、再染色液のピンクを塗っていく。縁だけに淡いピンクが差したような、ロマンチックな仕上がりになる。

バラ・アジサイ専用液を使って

バラ・アジサイ専用液も、直接筆で花に塗ることが可能。ここではレッドを白バラの半分だけに塗り、モダンな印象に。

Memo

知っていると便利なワイヤリング。「ワイヤリング」とは、花や葉をワイヤーで補強して、作業しやすくするテクニックのことです。プリザーブドフラワーは花首だけにしてしまうことが多いので、作業やアレンジメント制作の際にはこのワイヤリングが活躍します。茎が弱いもの等花によって手法が変わりますが、ここではポピュラーで簡単なものを紹介。

1
茎の丈夫な箇所に、20cmほどの長さに切った#24ワイヤーを刺す。

2
花を傷つけないよう丁寧に、ワイヤーの中央まで刺し通していく。

3
2のワイヤーと十字になるように、もう一本のワイヤーを刺し通す。

4
十字にワイヤーを刺した様子。

5
ワイヤーを下向きに折り曲げる。

6
完成。ここを茎代わりや持ち手として作業をすると便利。

ルミナスフラワー

暗い場所でも美しく光る花を作る手法です。クリスマスやバースデー、結婚式のお色直しのブーケ等、サプライズ演出をしたいシーンにも効果的。

【用意するもの】

蓄光液（ちっこうえき）

光を蓄える性質を持つ液で、プリザーブドフラワーを浸けて乾かすと暗闇で光る花を作ることができる。今回はグリーンとブルーを使用。グリーンの方がより強く発光する。

作り方

1 液の性質上すぐに成分が沈殿してしまうため、蓄光液を容器ごとよくシェイクする。

2 シェイクした蓄光液を器に出す。ここでも成分が沈殿しないようにピンセットでかき混ぜる。

3 プリザーブドフラワーを液に入れ、軽く揺り動かしながら1～2秒浸ける。その後1～2時間乾かせば完成。

point!

液にはあまり長く花を浸け過ぎないよう注意。アルコールが入った液なので、長時間浸けているとプリザーブドフラワーの加工液の成分が抜けてしまう。ルミナスフラワーにするのは白い花がベター。色つきの花はきれいに発光しにくい。

自然の色を残す

プリザーブドフラワーは脱水の過程で色素が抜けますが、ビオナチュレ液を使えば、花の種類は限定的ですが自然の色を残すことができます。やや色に変化が起こることもありますが、それもまたお楽しみ、です！ 右の写真のデンファレは濃い色の方が元々の花の色がしっかりと残ります。

【用意するもの】

ビオナチュレ液

「α液」と「β液」の2種類あり、各「1」と「2」液がある。使い方は「脱水液」「保存・着色液」同様、「α液」→「β液」の順にそれぞれ6時間以上浸け乾燥させる。花の種類によって使い分けをしよう。

作り方

α1液＋β1液（多くの花に向いている）

[加工できる花の例]バラ、ヒマワリ、チューリップ、ダリア、ハス、スイレン、ケイトウ、シンビジウム（黄色）、センニチコウ、トルコギキョウ（白、ピンク系）

α2液＋β2液（青みの強い花に向く）

[加工できる花の例]デンファレ、デルフィニウム、リンドウ、ブルースター、コニファー、バラ（青みが強いもの）、トルコギキョウ（青みが強いもの）、キクの茎

コーティング

プリザーブドフラワーをコーティングすることで、花により強度を持たせることができます。アクセサリー作りの前には必ず行いたい手法で、花同士の色移りを防いでくれるメリットも。溶剤によってソフトとハードがありますが、ソフトの方が衝撃に強いのでアクセサリーにするならソフトがおすすめです。

【用意するもの】

コーティング溶剤

シリコンを配合したコーティング用の溶剤。「ソフト」は花の柔らかな質感を残しながらも花びらに強度を持たせられ、「ハード」は硬質な質感になるが衝撃に弱く身に着けるものの制作には不向き。ツヤあり、ツヤなしタイプがあり、仕上がりのお好みによってセレクトを。

作り方

1
コーティング溶剤を器に出し、コーティングしたいプリザーブドフラワーを液に浸す。

2
花全体にまんべんなく液をつけたら、10秒ほどして引き上げる。乾かして完成。

point!

コーティング溶剤にはたっぷり浸けること。ただしすぐに花の顔を上に向けると、液が花の中にたまってもったりとした仕上がりになってしまうので、しばらくの間下を向けて溶剤をきちんと切ろう。そうすることで花びらのエッジがきれいに出る。

Memo

小さめの花ならコーティング溶剤を筆にとって、花びらに塗ってもよい。花の裏側、根元からきちんと塗ることで、花びらがバラバラになってしまうのを防ぐことが可能。

コーティングした花は花同士の色移りを防ぐだけでなく衝撃に強くなるので、アクセサリー作りの素材に最適。いろいろなアクセサリーを作って楽しんで！

バラ、1本丸ごと

通常プリザーブド加工を施すと、着色・保存の過程で花・葉・茎すべてが同じ色で染まることになります。もし花と葉を別の色にしたい場合は、花と葉を別々に着色・保存して最後にボンドなどでくっつけることに。しかしこの手法を使えば、バラ1本を一気に花と葉を別の色に染めることが可能です。魅惑的な青いバラ、少し青みがかった葉のグラデーションもきれいです。

作り方

1 脱水液にバラを1本丸々浸ける。12時間以上が目安。容器はバラを寝かせて入れられるように長さのあるものにし、脱水液は必ず1度使用した後の液を使うこと。

2 脱水・脱色したバラを、スカイブルーの保存・着色液に入れる。このまま容器にフタをして12時間以上浸ける。その後しっかりと乾かせば、青いバラの完成。

point!

脱水液は1度か2度使ったことのある液を使用することが重要！ 再利用した脱水液を使うことで、その後スカイブルーの保存・着色液に浸けると茎やガクがやや青いグリーンに仕上がる。保存・着色液のスカイブルーだけがバラの色素とうまく反応し、不思議と花は青、葉は緑になる。ほかの色の保存・着色液は花、葉がすべて同じ色になる。
もし少し花びらや葉が液から飛び出すようなら、液に浸けたキッチンペーパーをその部分にかぶせて乾かないように保護。

Memo

葉の色をより緑にしたい、またはスカイブルー以外の色で1本のバラを作るときに葉をグリーンにしたい場合は、このようにバラ・アジサイ専用液のグリーンにバラを花首まで浸かるようにして挿す。15分くらいで緑の葉に。

茎ごとプリザーブドフラワーにしたら、その長さを生かしてアレンジメントにすると生花のような仕上がりに！

プリザーブドフラワー豆知識

どんな花もプリザーブドにできる？

花びらが極端に薄かったり、散りやすいものはあまり向いていません。現在約60種もの花がプリザーブドにできるといわれているので、これは駄目かもと諦めないで、挑戦してみると、意外と面白い結果になったりもします。

脱水は長めがおすすめ

バラやカーネーションなど花びらの数の多いものは、中心が開かずに固いままだときちんと脱水できていないことがあります。少し長く脱水液に浸ける（数日～数週間）と色がきれいに抜け安心です。

プリザーブドフラワーの保存法

直射日光のあたらない場所で保存します。飾らない場合は箱などに入れて保管を。ショーウインドウのように強いライトが長時間あたる場所もあまりよくありません。また、プリザーブドフラワーは湿気に弱いので、梅雨時期などは湿度の管理が必要です。除湿器やエアコン、乾燥剤などをうまく利用してください。ただし除湿器やエアコンの風が直接花にあたるのはNG。湿度が高くなると花の表面に湿気がつき、ほかの花やものに色移りすることがあるので注意が必要です。

乾燥後、花がベタついていたら？

保存・着色して、乾燥後に花がベタベタする部分がある場合は、綿棒に脱水液を含ませてベタつく部分の余分な液を拭き取るとよいでしょう。ベタつきは液が余分についてしまっている証拠。きれいに拭き取ります。

使用済みの液はどうする？

水で約20倍以上に薄めて、もしくは水を流しながら捨ててください。

花びらに水泡ができたら

時折、花びらが液の水分を吸い込みすぎてプクッと膨らんでしまう「水泡」ができてしまうことがあります。水泡ができたままだと仕上がりが美しくないので、見つけたら下の写真のようにピンセットでつまんで潰し、中の水分を出しましょう。

column

ご当地プリザーブドフラワー！

手作りプリザーブドフラワーは、季節の花の美しい姿を長く留めておくことができることが大きなメリットです。いま、地域の花を守るためのPRや、農家さんの新しい試みとしてもプリザーブドフラワーが活躍し始めています。ただ美しさを楽しむだけでなく、地域振興や新たな挑戦としても魅力的なプリザーブドフラワーの力。今後の展開にも注目です。

まるで生花のようなみずみずしさ！
福井の県花、越前水仙

福井県のハス農家さんが
作りました。
色形美しい、ハスの花と葉

〈P.78〉福井県の県花でもある越前水仙。スイセンは花びらが華奢で壊れてしまいやすいためプリザーブド加工は難しいとされてきましたが、福井県福井市の花屋さん「はな里」が県の助成を受けて越前水仙のプリザーブドフラワー作りを始めました。地元のお酒やお菓子店とのコラボレーションもスタートしたようです。まるで野に咲いているかのようなみずみずしい姿に、思わずうっとりとしてしまいます。

〈P.79〉福井県南条郡南越前町、南条蓮生産組合の組合長の息子さんからお問い合わせがあり、出荷していないハスを何かにできないかとご相談いただいたことがきっかけでできたプリザーブドフラワーです。南条蓮生産組合は切花ハスの出荷シェアの多くを占めるそう。コロンとした形、鮮やかなピンク色は、蓮池から咲くあのハスそのままの美しさで、これからますます需要が増えそうな予感です。

Chapter

3

作ってみよう!
作品の詳しい制作プロセス紹介

―

「Chapter 1」で紹介した作品の、詳しい作り方です。
本の通りに作っても、花や素材を好きなものに代えたりして
自分ならではのカスタマイズをしてもOK。
自由に楽しんでみてください!

作品制作のために、あると便利な道具

楽しい作品作りをするにあたって、揃っているととても心強い道具です。花のプロが使う専用の道具もありますが、慣れれば簡単に扱うことができます。花資材専門店以外に大型手芸店などで手に入ります。

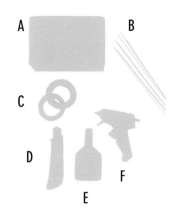

A　フローラルフォーム

硬いスポンジのような素材でアレンジメントには欠かせない。これを土台にして花を挿し、アレンジメントを作る。色は白、緑、茶などがあり、メーカーもさまざま。生花用とドライ用があり、どちらもプリザーブドフラワーに使える。

B　ワイヤー

アレンジメントなどを作る際に、花や茎の補強、茎の延長のために使われる。束で販売されている。太さを表す番手は、数字が小さいほど太く、大きいほど細い。花によりどれを使うかは違うが#24～26あたりが便利。

C　フローラルテープ

ワイヤーで処理した箇所に巻き、補強部分をカモフラージュし目立たなくする役割を果たす。普通に使っても接着力はほぼなく、伸ばしながら巻き付けることで接着力が強くなる。色は緑、白、茶など。あると仕上がりがきれい。

D　カッターナイフ

さまざまな過程で使えるが、大きめのものはフローラルフォームを切るときに便利。ほか、ワイヤーを切ることのできるはさみやペンチなど、必須ではないがいろいろな工具が揃っていると作業にあたって心強い。

E　ボンド

プリザーブドフラワーを補強したり、箱やフレームに貼り付けたりするために使う。木工用ボンドのほか、布やプラスチックの接着に使える接着剤や、金物用接着剤などさまざまな種類があるので、作りたいものに応じて準備しよう。

F　グルーガン／ホットグルー

ホットグルーとは電気で温めて使う、ボンドよりも速乾性の高い接着剤のことで、グルーガンという道具にグルースティックを入れて使う。花をいろいろなものに手早く固定できるので非常に重宝するアイテム。いまでは100円ショップで見かけることもあるほど手頃に。

作品作りの
ハウツーページの見方

ここからは本書前半で紹介した作例の作り方を掲載しています。
作り方ページの見方は下記。さぁ、楽しい作品作りタイムへようこそ！

●完成した様子が載っているページです。

●作品作りに必要な材料のこと。名称の前に「☆」がついているのがプリザーブドフラワー、印なしはそれ以外の材料です。

●道具類はここには記載していません。必要な道具は82ページの「作品制作のために、あると便利な道具」と作り方の工程を参考にしてください。

●「☆」は作品作りに使用したプリザーブドフラワーを加工する際の目安の時間を掲載しています。「脱水液：8時間」と書いてあれば脱水液につける時間の目安は約8時間ということ。

●「使用カラー」は花の色を作るのに使用した保存・着色液などの色を示しています。「★」は作り方のコツです。

●「基本のページ」で詳しい作り方が載っている場合は、「▶▶詳しくはP.●を参照」と記載してあります。

●作品作りの手順を、写真つきで解説しています。

特別な一輪を小箱に詰めて

| 完成例 | ▶P.14 |

材料

☆ バラ　　　　　　　　　　1輪
　ギフトボックス約7×7cm　1個
　シサル麻　　　　　　　　ひと掴み

プリザーブド加工のコツ

☆ 脱水液8時間、保存・着色液8時間、洗浄約10秒、
　使用カラー：再染色液 ▶▶詳しくはP.70-71を参照

作り方

1

バラを染めるためにつけていたワイヤーを取り外す。

2

シサル麻は揉むと麻が柔らかくなり、形が作りやすくなる。

3

2を箱に入れる。花の高さを考えてシサル麻の量を決めよう。

4

ふんわりとバラを入れて完成。シサル麻は花の保護兼固定役。

ラッピング的ボックスフラワー

| 完成例 | ▶P.15 |

材料

- ☆ チューリップ'アンジェリケ'　　13～15輪
- ☆ カーネーション　　　　　　　　5～6輪
- 　 ギフトボックス直径約25cm　　　1個
- 　 フローラルフォーム　　　　　　1/2個
- 　 #24ワイヤー（写真外）　　　　約5本
- 　 リボン（写真外）　　　　　　　約60cm

プリザーブド加工のコツ

- ☆ チューリップ、カーネーション…脱水液8時間、保存・着色液12時間、洗浄10～20秒、使用カラー：ブラック
- ★ チューリップは1日のうち朝開いて夜閉じていくので、朝早くか夜閉じてから脱水液に浸ける方が、花びらが開かず型崩れがしにくい。
- ★ 八重タイプのチューリップの方が仕上がりがきれいになる。

作り方

1

フローラルフォームの高さを測る。フタをすることを考えて、箱の縁からやや低めのところに花の顔がくる場所がベスト。フォームにペンで印をつける。

2

1で印をつけたところを基準に幅を決めて、フローラルフォームを切る。フォーム用ナイフがなくても、カッターナイフやパン切りナイフで代用可能。

3

2で切ったフローラルフォームに箱を逆さまに乗せて、上からやや強めの力で押す。フォームに箱を1～2mmめり込ませて、跡をつける。

4

箱のラインがくっきりとフローラルフォームにつくので、それをガイドにしてナイフで切り出していく。ラインは内側ではなく、ライン上か外をなぞること。

5

フローラルフォームを箱に入れる。ぴっちりはまった状態がベスト。4でライン内側を切ってしまうと小さくなり過ぎて、箱の中で安定しないこともある。

6

もし4のとき大きく切りすぎて箱に入らなくても、フォーム同士をこすりあわせたり、手でこすったりしてサイズの微調整ができる。

7

フローラルフォームと箱の間の隙間を埋める。隙間を目測してフローラルフォームを箱に押し付けてラインをつけ、そのラインに沿ってフォームを切り落とす。

8

7の箱に入れる。もし入らなければ6のように調整。きれいにフローラルフォームが箱に入った状態はフラワーアレンジメントの準備の基本。丁寧に行うこと。

9

チューリップは茎が弱くそのままでは挿せないので、ワイヤーで補強。使う花の数だけ約10cmに切った#24ワイヤーを用意。それを花の下3mmほどに刺す。

10

ワイヤーを半分まで刺し通したら、指でワイヤーを茎の方向に折り曲げる。チューリップの茎は柔らかいので折ってしまわないよう気をつけて。

11

チューリップの茎をワイヤーで補強した様子。この作業をワイヤリングといい、その中でもこの手法をとくに「ピアシング」と呼ぶ。すべてのチューリップで同様に。

12

もっともメインにしたい花を中央に挿す。メインの花は一番目立つのできれいなものを選ぼう。ここではチューリップをセレクト。

13

花の頭を持って、ぐぐっとフローラルフォームに挿し込む。カーネーションの茎は丈夫なのでワイヤリングはしなくても大丈夫。中心からどんどん挿していく。

14

花をすべて挿し込んだら飾りのリボン作り。約30cmに切ったリボンと、約10cmに切った#24ワイヤーをそれぞれ2本ずつ用意。ワイヤーはU字に折り曲げておく。

15

リボンを二つ山ができるように持ち（左）、重ねて下の部分をくしゃっと寄せる（右）。

16

14で用意したワイヤーを持ち、15のリボンの下から1cmほどのところにワイヤーのUになっている部分をあてる。

17

ワイヤーの長い方を、リボンを押さえていない方の指でつまみ、リボンとワイヤーごとグルグルと巻いていく。リボンを押さえた手は離さない。

18

ワイヤーを3回ほど巻いたらできあがり。これを2つ作って花の間を縫って、フローラルフォームに挿す。箱の中のフローラルフォームが見えていないか確認し完成！

ふわもこミニリース

| 完成例 | ▶*P.16* |

材料

☆ ナデシコ'テマリソウ'　　　　1〜2輪
☆ アジサイ　　　　　　　　　　1房
☆ センニチコウ　　　　　　　　約20輪
　リースベース（直径約12cm）3個

プリザーブド加工のコツ

☆ ナデシコ'テマリソウ'…脱水液24時間、保存・着色液24時間、洗浄約20秒、使用カラー：レモンイエロー
☆ センニチコウ…脱水液8時間、保存・着色液8時間、洗浄約20秒、使用カラー：クリア ▶▶詳しくはP.59memoを参照
☆ アジサイ…バラ専用液もしくは再染色液、使用カラー：レモンイエロー＋スカイブルー ▶▶詳しくはP.68を参照
★ ピンクのセンニチコウは脱水したとき、少し薄くなるものの色が抜けないので元の色を生かすことができる。染色したい場合は白や薄いピンクの花を選ぶと脱色しやすい。

作り方

1

まずグルーガンをコンセントに差し込み温めておく。ナデシコ'テマリソウ'を花の根元で切り分けて細かいパーツにする。アジサイも同様に切り分けておく。

2

切り分けたテマリソウの根元の方に、グルーガンでグルーをつける。小粒のパールくらいでOK。やけどしないよう注意。

3

2をリースベースに貼り付ける。グルーが温かいうちに貼ること。

4

同様にどんどん貼り付けていき全体を埋める。花の向きを揃えた方がきれい。アジサイもセンニチコウも作り方は同じ。

ピンクアジサイのフォトフレーム

| 完成例 | ▶P.17 |

材 料

☆ アジサイ	1房
☆ バラ'クリーミーエデン' (グレーの花)	2輪
☆ バラ'緑光'(赤い花)	3輪
フォトフレーム	1個

プリザーブド加工のコツ

☆ アジサイ…バラ・アジサイ専用液もしくは再染色液、使用カラー：ピンク ▶▶詳しくはP.68を参照
☆ バラ'クリーミーエデン'、'緑光'ともに…脱水液8時間、保存・着色液8時間、洗浄約10秒、
　使用カラー：'クリーミーエデン'クリア＋ブラック数滴、'緑光'レッド ▶▶詳しくはP.58-59を参照

作り方

1

グルーガンをコンセントに差し込み温めながら、花の下準備。バラはすべて花ぎりぎりのところで茎を切っておく。ただし花びらをバラバラにしないよう注意。

2

フレームを立てて飾る場合と、壁掛けにして飾る場合とでは花の見え方が変わって来るので、飾りたい状態で一度花を置いて貼る向きを確認すると良い。

3

貼り付けはもっともメインになるバラから。花の裏側にグルーガンでグルーをつける。しっかりくっつくようたっぷりと。

4

フレームに貼っていく。貼るときはフレームを平らにしておいた方が貼りやすい。

5

次にフレームを埋めるアジサイを貼る作業。写真くらいの細かさに切り分けておく。サイズに大小をつけるとモコモコが立体的になり、かわいさアップ。

6

アジサイをグルーで貼る。茎の先端だけでなく側面などにもグルーをつけるとしっかり接着する。アジサイを貼り終えたら、アクセントとなるバラを2輪貼り完成。

透けるスズランの幸せブーケ

| 完成例 | ▶P.18 |

材 料

☆ スズラン　　　　　　　　　約16本
　リボン　　　　　　　　　　1本
　輪ゴム（写真外）　　　　　　1本
　#24ワイヤー（写真外）　　　1本

プリザーブド加工のコツ

☆ スズラン〔花〕…脱水液12時間＋ダブル脱水12時間、保存・着色液12時間、洗浄：約20秒、
　使用カラー：クリア ▶▶詳しくはP.55memoを参照
☆ スズラン〔葉〕…脱水液12時間、保存・着色液12時間、洗浄：約20秒、
　使用カラー：レモンイエロー＋スカイブルー
★ スズランは花と葉を分けてプリザーブド加工を行うことで、白い花と緑の葉を染め分ける。
　葉から花を引き抜くように分解し、葉は形を壊さないように。

| 作り方 |

1

まずは花と葉に分解していたスズランを、元の形に再構成する。花の茎先に1〜1.5cmほどグルーガンでグルーをつける。

2

葉と葉の間に1を差し込み、花と葉を接着して1本のスズランにする。

3

葉の付け根の開いている部分にもグルーをつけて軽く押さえておくと、より花が抜けにくくなる。

4

1〜3を繰り返して、16本分作る。

5

スズランを束ねていく。まず比較的まっすぐな花を1本持つ。ここで手で持った場所が結束部分になるので、極端に上や下を持ち過ぎないようにしよう。

6

2本目を重ねる。最初に手で持ったところはずっと動かさず、この指を起点にしてすべての花を束ねていく。

7

3本目を束ねたところ。きれいな扇状になるようイメージして束ねていこう。

8

すべて束ねたら輪ゴムで仮留めをして、その上から好きなリボンでリボン結びをして完成！

Memo

華奢な花に太いリボンをかける裏技

細いリボンならそのままリボンをかければいいけれど、華奢な花に太いリボンをかけると花が折れてしまう心配が。そんなときはワイヤーを使えば安心。

1

写真のようにリボンで輪を作る。

2

輪の上を押してへこませ、リボンの形にする。

3

へこませたところにワイヤー（#24あたりが適切）を当てて、ワイヤーをリボンの後ろ側に折り曲げてねじり留める。

4

ワイヤーを2〜3回ねじればOK。

5

きれいなリボンの完成。

6

スズランのブーケにリボンを巻いて、グルーで接着。

7

6で巻いたリボンのワイヤーは、ねじって留めつける。

8

飛び出したワイヤーは危ないので、リボンの中に入れる。

野菜と果物ぎっしり！実りの立体アート

| 完成例 | ▶P.20 |

材 料

☆ イチジク	1個	☆ サヤエンドウ	3個
☆ キンカン	2個	☆ ヤングコーン	2個
☆ レンコン	2枚	木製アクセサリー	
☆ パセリ	1かけ	ボックス（10×15cm）	1個
☆ ブロッコリー	1かけ	ワックスペーパー	1枚
☆ シメジ	1かけ	英字新聞柄	
☆ エノキ	1かけ	ラッピングペーパー	1枚

プリザーブド加工のコツ

☆ すべての野菜…脱水液1〜5日、保存・着色液1〜5日、洗浄10〜20秒、
　使用カラー：イチジク／ワイン、キンカン・ヤングコーン／レモンイエロー、レンコン・シメジ・エノキ／クリア、パセリ・ブロッコリー／イエロー、サヤエンドウ／イエロー＋グリーン

★ 野菜は長く液に浸けておくのがベター。上記の日数は最低限の日数で、
　実際は1〜2週間以上しっかり浸けこむ方がきれいに仕上がる。

★ 液が新しくなくても野菜はプリザーブド加工ができるので、花を作った後の古い液を使っても大丈夫。

★ 野菜によっては脱水時に色が抜けないものもあるので、その場合はクリアの保存・着色液で仕上げる。

作り方

1 ワックスペーパーと英字新聞柄ラッピングペーパーを切る。写真のように、ワックスペーパーを大きめに。ホットグルーガンをコンセントに差し込んでおく。

2 英字新聞柄ラッピングペーパーをざっくりとボックスに入れる。

3 ワックスペーパーは入れる前に少し丸めてシワをつけ、**2**の上から入れる。

4 野菜を配置。まずはイチジクから。接着したい面にグルーガンでグルーをつける。

5 ワックスペーパーの上に貼り付ける。大きく重いものから配置するとスムーズ。

6 すべて配置し終わったら、フタをして、はみ出したペーパーをきれいに切り整えて完成。

季節の花を、一年中

|完成例| ▶*P.21*|

材 料

☆ プルメリア　　　　　　　6輪
　アートフレーム　　　　　1個

プリザーブド加工のコツ

☆ 脱水液24時間＋ダブル脱水24時間、保存・着色液12時間、
　洗浄：約10秒、使用カラー：クリア
★ 保存・着色液は特新B液以外を使うと花びらの端や全体が透けて仕上がることがある。
★ 花の中央の黄色は再染色液のイエローを筆で塗ったもの。

作り方

1

プルメリアの花の茎を短く切る。長すぎると貼り付けたときに花の顔が見えなくなってしまうため。

2

再染色液のイエローを器に出し、筆で取り花の中心に塗っていく。筆は細めが作業しやすい。

3

再染色液を塗った様子。花の中央が黄色くなることで、より本物のプルメリアに近い仕上がりに。

4

木工用ボンドを茎につけて、アートフレームの上から貼り付ける。

5

花びらを少し重ねるようにすると一体感が出て美しい。イラストや写真、好きなアートと組み合わせてみて！

花の絵の具で描くキャンバス

| 完成例 | ▶P.22 |

材 料

☆ クリスマスローズ	1輪
☆ アジサイ	1房
☆ バラ	8輪
☆ センニチコウ	5輪
☆ レンダイ	1個
布張りキャンバス	1個

プリザーブド加工のコツ

☆ クリスマスローズ…脱水液8時間、保存・着色液8時間、
　洗浄：約10秒、使用カラー：ブラック＋クリア
☆ アジサイ、バラ…脱水液8時間、保存・着色液8時間、
　洗浄：約5秒、使用カラー：アジサイ／レッドパープル＋クリア、バラ／ブラック、ブルー
☆ センニチコウ…脱水液12時間、保存・着色液12時間、洗浄：約5秒、使用カラー：ブルー
☆ レンダイ…脱水液24時間、保存・着色液24時間、洗浄：約20秒、使用カラー：ブラック
★ センニチコウを色づけしたい場合は、白い花色のものを脱色して使う。
　濃いピンクのセンニチコウだと脱水時に色が残ってしまい、きれいに色がつけられないため。

作り方

1 どのように花を配置したいか、別の紙の上に完成形をイメージして花を並べて置いてみる。

2 花を布用の接着剤で貼り付けていく。まずは起点となる角に置く、ボリュームのあるアジサイから。

3 茎の先端だけでなく、側面やキャンバスに接する花びらなどにも接着剤をつけてしっかり貼ること。

4 大きな花から貼り付けていくとバランスが取りやすい。

5 蕾や花びらも使うことで、全体にリズムが生まれアクセントとなる。

6 すべての花を貼り付けたら、このまま1日置いて乾燥させれば完成。空いている部分に文字を書いても楽しい！

フラワーアクセサリーケース

| 完成例 | ▶P.23 |

材料

☆ カーネーション　　　　　　1輪
☆ ヒマワリ（小）　　　　　　2輪
☆ ケイトウ　　　　　　　　　2輪
　ガラス容器　　　　　　　　3個
　クリアファイル　　　　　　1枚
　コーヒー豆など中に入れたいもの　適量

プリザーブド加工のコツ

☆ カーネーション、ケイトウ…脱水液12時間、保存・着色液12時間、洗浄：約20秒、
　使用カラー：カーネーション／クリアオレンジ、ケイトウ／レッド
☆ ヒマワリ…脱水液8時間、保存・着色液8時間、洗浄：約20秒、
　使用カラー：レモンイエロー　▶▶詳しくはP.66を参照
★ カーネーションは白い花をプリザーブドにする方が、きれいなパステルカラーに仕上がる。
★ ケイトウは脱水しても赤色が少し薄く残るが、今回は可愛らしく仕上げたかったので
　レッドの保存・着色液に浸けてはっきりとした色をつけた。

作り方

1

クリアファイルの上にガラス容器を逆さまにして置き、口の周りにペンでラインを書く。このときグルーガンをコンセントに差し込み温めておく。

2

1のラインに沿ってクリアファイルを切る。クリアファイルでなくても、透明なプラスチックであれば代用可。空き箱のフタなどでもOK。

3

カーネーションの花部分を持ち、ガクが少し残るギリギリで切る。花を極力平たくすることで、クリアファイルに貼り付けたときに花がきれいに見えるようになる。

4

3で切った様子。ガクをばっさりと切ったことで支えがなくなり、花びらがバラバラになるので花を握った手は緩めず、絶対に離さないこと。

5

切り口にグルーガンでグルーをたっぷりつける。かなり多めにつけないと花びらがバラバラになってしまうので注意しよう。

6

2で切ってあったクリアファイルにカーネーションをしっかりと接着する。これをフタとして、小物入れの完成。他の花も同様の作り方で制作していく。

バラとアジサイの胸キュン花冠

| 完成例 | ▶P.24 |

材料

- ☆ バラ
  'クリーミーエデン' 3輪
- ☆ ブルースター 5～6輪
- ☆ フランネルフラワー 1～2輪
- ☆ アジサイ 1房
- ☆ カスミソウ 少々
- ☆ ユーカリ 適量
- #18ワイヤー（72cmのもの）3本
- フローラルテープ（茶）1個
- リボン 好きなだけ

プリザーブド加工のコツ

☆ バラ…脱水液8時間＋ダブル脱水8時間、保存・着色液8時間、洗浄：約10秒、
  使用カラー：クリア＋レッドパープル、クリア＋ワイン、クリア＋ブラック
☆ フランネルフラワー…脱水液8時間、保存・着色液8時間、洗浄：約10秒、使用カラー：クリーミーピンク
☆ ホワイトスター…脱水液6時間、保存・着色液6時間、洗浄：約10秒、使用カラー：クリア＋スカイブルー
☆ アジサイ…バラ・アジサイ専用液もしくは再染色液1日、使用カラー：イエロー＋ブルー ▶▶詳しくはP.68を参照
☆ カスミソウ、ユーカリ…葉専用液3日、
  使用カラー：カスミソウ／ブルー・バイオレット、ユーカリ／グリーン ▶▶詳しくはP.65を参照
★ ブルースターにはアントシアンが含まれていないので、真っ白に脱色できる。

作り方

1

ワイヤーを3本まとめてフローラルテープを巻いていく。フローラルテープは下に強めに引っ張りながら巻くと、よく接着する。これが花冠の土台になる。

2

1のワイヤーの端から7cmほどのところに、グルーガンでグルーをつける。

3

ワイヤーにリボンをクルクル巻き付けていく。リボンはなるべく緩やかに、ワイヤーとリボンの間に隙間ができるくらいに巻く方が仕上がりがきれいになる。

4

リボンを巻き付けたら、接着していない方のワイヤーの端から約7cmのところにもグルーでリボンを貼り付けて固定。ワイヤーの両端5cmほどを折り曲げる。

5

リボンを適当な長さに切って、ワイヤーを折り曲げたところを引っ掛けて輪を作る。この引っ掛け部分が花冠を着脱するためのフックとなる。

6

5の着脱部分に近い場所のリボンは、取れてしまわないようグルーで補強しておくと安心。

7

アジサイとカスミソウを切り分ける。アジサイはあまり細かくし過ぎず、ある程度ボリュームを持たせておく方がフワフワ感が出る。

8

まずユーカリを土台に巻き付ける。花冠全体に行き届くよう、短いユーカリなら何本か使って。

9

ユーカリの枝が浮いて気になる場合はグルーで土台に接着。とはいえ絡めてあるので接着しなくても落ちてくる心配はない。

10

次にアジサイを全体に貼り付けていく。アジサイはリボンの内側にグルーをつけて、そこに花を貼る。花にグルーをつけるより、リボンにグルーをつけて作業した方が熱くなくスムーズかつ安全。

11

全体にアジサイを貼り付けた様子。リボンの隙間を利用して貼り付けていった。これだけでもかわいい！

12

次にポイントとなる花を接着していく。これもアジサイ同様、リボンにグルーをつけてそこに花を置く手法で。ポイントの花は真正面よりも、少しずらした位置にある方が自然な印象の仕上がりに。

13

ポイントとなる花を貼り終えたら、最後にカスミソウやブルースターなどの小さな花を貼り付けてバランスをとる。写真はすべての花を貼り付けた様子。

14

フック部分を隠すためと、バックスタイルをよりかわいくするために長めのリボンを作る。長い方が着けたときにリボンが揺れて可憐な印象になる。

15

14のリボンをフック部分にリボン結びして取り付けて、完成！

Memo

- 冠に使う花は好きなものでOK！ リボンも作品ではポリエステルのラフィアを使っているが、紙製でも布製でもどんなリボンでも応用可能。

- 土台に使うワイヤーは太めの方が安定するのでおすすめ。輪になっている部分が60cmあれば成人女性の頭におおむねフィットするので、長いワイヤーがない場合は短いワイヤーを繋ぐとよい。

- このリボンを巻き付ける手法で作った花冠は簡単なのはもちろんのこと、リボンを動かせば花の位置を手軽に調整できるので装着時にスタイリングがしやすいのもメリット。

バラの花びらのパーティーバッグ

| 完成例 | ▶ P.25 |

材料

☆ バラ　　　　　　　　　　　　3〜5輪
　チキンネット（約20×30cm）　1枚
　ジッパー付き
　クリアケース（約18×10cm）　1個
　シフォンリボン　　　　　　　1ロール
　コットンリボン（分厚いもの）約70cm

プリザーブド加工のコツ

☆ バラ…脱水液8時間、保存・着色液8時間、洗浄：約10秒、使用カラー：レッド
★ 大量に作る場合は、脱水と保存・着色が一度に行えるバラ・アジサイ専用液を使うと楽。
　これを使えば時間も手間も大幅短縮！　▶▶詳しくはP.51を参照

作り方

1 チキンネットを半分に折り曲げ、角からシフォンリボンをネットの目を縫うようにくぐらせる。リボンはあらかじめネット幅より10cmほど余裕を持たせて切っておく。

2 片面すべてにリボンを通し終えたら、左右の余っているリボンがひらひらしないよう内側に折り込んでグルーで接着する。裏面、底もすべて同様に処理する。

3 コットンリボンを上部にぐるりと一周巻き、グルーで貼り付ける。

4 側面もシフォンリボンでカバー。グルーで貼り付けながら、隙間をすべて埋める。チキンネットが上部の開口部以外、すべてリボンで覆われるようにする。

5 写真のように、バラをガクよりも上のところでざっくりと切る。花びらがバラバラになるので、必ず花の部分をしっかり持って、持った指は離さないこと！

6 5でバラを切った様子。こうすることで花の高さを押さえ、平面に貼ったときにも浮き過ぎずに美しく馴染むようになる。

7 6の切り口にたっぷりとグルーをのせる。垂れないように、やけどをしないように気をつけながら、かなり多めにのせること。こうすることでガクを失った花びらがバラバラになってしまうのを防ぐ。

8 7をバッグの中心に貼り付ける。ここからこの花を中心に、バラの花びらを一枚ずつ貼り付けていく。そうした手法で制作したものを「メリア」と呼ぶ。

9 5のように他のバラも切る。ただしこれらのバラは花びらをバラバラにして使うためのものなので、手で押さえなくてよい。

10 バラの花びらに、根元から写真のようにV字に切り込みを入れる。これをすべての花びらに行う。こうすることで花びらがきれいに重なり、美しいメリアになる。

11 花びらの切り込みのV字の谷のところに、グルーをパール大ほどつける。

12 8のバラに沿わせるように、花びらを貼り付ける。これをバッグの一面を花びらで埋め尽くすまで続ける。大きなバラが広がっていくイメージ。

13 シフォンリボンを三つ編みしたものを2本作り、コットンリボンの上にグルーで接着。これが取っ手になる。中にジッパー付きクリアケースを入れて完成！

Memo

- チキンネットは花資材専門店やホームセンター以外に、100円ショップで手に入ることも。ジッパー付きクリアケースのフチは白のままでもよいが、今回はリボンの色になじむよう黒のマジックペンで塗っておいた。

- 作例のようにすべて同じ色で作っても、あえて違う色をミックスしたり、色の濃淡をつけてグラデーションにしてもきれい。

- 「メリア」はプリザーブドフラワーならではの「長持ちする」「柔らかい質感が残る」特性が生きる手法。小さな花でもゴージャスに演出することができるので、バッグだけでなくいろいろな作品に応用できるテクニック！

大輪ダリアのディフューザー

| 完成例 | ▶P.27 |

材 料

☆ ダリア　　　　　　　　　1輪
　ディフューザー　　　　　1個
　ストロー　　　　　　　　1本
　マスキングテープ（写真外）適量
　#18ワイヤー（写真外）　約20cm

プリザーブド加工のコツ

☆ 脱水液12時間、保存・着色液12時間、洗浄：約20秒、使用カラー：ワイン
★ ダリアは乾かすときに花の中に入った（花の水分と置換された）保存・着色液の重みで花びらの型崩れを起こすことがあるので、逆さにして吊るすようにして乾かすと花形がきれいになる。
★ ダリアの花びらの特徴である、中央の線が崩れないように仕上げた方が美しい。

作り方

1

#18ワイヤーで写真のように台座を作る。飛び出た部分はストローの穴にフィットするサイズ感で作る。渦巻き部分は直径1〜1.5cmほどの大きさ。

2

台座の先端をストローに入れる。しっかりと差し込んで、台座がグラグラしないよう固定されているのを確認。

3

ストローをワイヤーの先端から1.5〜2cmのところで切る。

4

ディフューザーの棒のうち1本の先端に、グルーガンでグルーをつける。ストロー固定のためのものなので、やや多めに。

5

4の棒に3のストローを通して、固定する。

6

台座をストローに固定した様子。この上にダリアの花を接着する。

7

ストローにマスキングテープを巻き付ける。ストローを隠すためなので、ストローの少し下くらいまで巻けばOK。

8

台座にグルーをたっぷりとつける。

9

ダリアを台座に押さえつけ、しっかりと接着。これをディフューザーに入れれば完成！

Memo

- ディフューザーは100円ショップで購入したもの。廉価なものもプリザーブドフラワーが加わることで一気に高級感がアップ！

- プリザーブドフラワーはアルコール成分に触れると色落ちや劣化が起こるため、ワイヤーとストローを使い、ディフューザーの液を吸い上げる木の棒と隔絶させている。こうしておけば心配はご無用。

- 大きな花はそれだけ重みがあるので、ディフューザーは安定感のある大きさや形状のものを選ぶこと。そうしないと花の重みでディフューザーが倒れてしまう。

ただ置くだけで、かわいい

| 完成例 | ▶P.26 |

材料

☆ バラ'イブピアッチェ'　　1輪
　プレート、羊のオブジェ

プリザーブド加工のコツ

☆ 脱水液12時間、保存・着色液12時間、洗浄：約20秒、使用カラー：ピンク
★ たくさん花弁がある花なので、しっかりと液に浸けることが大切。

| 作り方 | プレートの上にバラとオブジェを置くだけ。美しくインパクトのある花は、こうするだけでも場を華やかにしてくれるというスタイリングの一例。お好きな場所、オブジェと一緒に楽しんでみて！

アースカラーのナチュラルブーケ

|完成例| ▶*P.29*|

材 料

☆ フランネルフラワー　　15～20本
☆ ユーカリ　　　　　　　4本
　 ワックスペーパー　　　1枚
　 ペーパーラフィア（2種）適量
　 麻ひも（写真外）　　　適量

プリザーブド加工のコツ

- ☆ フランネルフラワー…脱水液8時間、保存・着色液8時間、洗浄：約10秒、使用カラー：クリア
- ☆ ユーカリ…葉専用液3日、使用カラー：バイオレット ▶▶詳しくは詳しくはP.65を参照
- ★ フランネルフラワーは茎ごと液に浸けてプリザーブドフラワーにした。花も茎もとても柔らかく弱いので、乾かすときは逆さまに吊り下げると形がきれいに仕上がる。洗濯ばさみのたくさんついた洗濯干しを利用すると便利。
- ★ ユーカリも葉専用液から取り出して保管する際は茎の下の方から液だれをしないように予防として逆さまに吊るしておく。そうすることで液が葉の先端に行き届くので先端が折れにくくなる。

|作り方|

1 ユーカリをざっくりと束ねて持ち、先端をしならせて緩くカーブのクセをつける。

2 すべてのフランネルフラワーを下部の葉がたくさんついた部分と、花の部分に切り分ける。写真の左は元の長さのままのもの。

3 1のユーカリの上に、フランネルフラワーの葉の部分を乗せる。

4 次にフランネルフラワーの花の部分を乗せる。

5 葉→花→葉→花の順で交互に重ねていく。花と花の間に、葉でクッションを入れるイメージ。

6 すべての花材を束ねたら、茎を仮留めする。麻ひもでも輪ゴムでも、留めやすいものでOK。

7

ワックスペーパーは丸めてシワをつけ風合いを出したものを使う。ペーパーの上に花束を置き、上部を開いた状態でペーパーラフィアでリボン結びして完成。

> *Memo*
>
> 茎ごとプリザーブドフラワーにした場合は、その茎を生かして花束にすると魅力的。置いても、吊るしてスワッグ風に飾っても、楽しみ方いろいろ。

エアプランツ・モビール

| 完成例 | ▶ *P.19* |

材料

☆ エアプランツ　　　　　3個
　モビールの枠　　　　　3個

プリザーブド加工のコツ

☆ 脱水液3日間、保存・着色液3日間、洗浄：約20秒、使用カラー：グリーン＋クリア
★ ナチュラルなグリーンになるように、グリーンの保存・着色液をクリアで少し薄めた。
★ 個体ごとにグリーンの濃度を変えても楽しい！

作り方

1

十分に乾かしたエアプランツを、モビールの枠に入れる。枠は100円ショップなどでも購入可能。

2

少し葉が飛び出すようにするとよりキュートな印象に。プランツだけでなく花を加えたりしてオリジナリティを出してもよい。

小さな小さな鉢仕立てに

| 完成例 | ▶P.28 |

材 料

- ☆ コニファー（切り分けたもの）　1本
- ☆ シクラメン（写真外）　花3本、葉適量
- ☆ クリスマスローズ（写真外）　3本
- ☆ 苔（既製品）（写真外）　適量
-   鉢カバー　3個
-   フローラルフォーム
    （鉢のサイズにカットしたもの）　3個

プリザーブド加工のコツ

- ☆ コニファー…脱水液1週間、保存・着色液1週間、洗浄：約20秒、使用カラー：グリーン＋イエロー＋クリア
- ☆ クリスマスローズ…脱水液12時間、保存・着色液12時間、洗浄：約20秒、使用カラー：グリーン＋イエロー
- ☆ ガーデンシクラメン…▶▶詳しくはP.67を参照
- ★ コニファーの葉の形やつきの良い枝を3本ほど切って液に浸けて加工する。後から一本の木のように見立ててアレンジしやすい枝を選ぼう。

作り方

1

鉢にフローラルフォームをセットしたものを用意する（セットの仕方はP.106を参照）。グルーガンをコンセントに差し込み温めておく。

2

コニファーをフローラルフォームの中心に挿す。枝が硬いのでワイヤリングせずにそのまま挿しても大丈夫。

3

フローラルフォームの表面にグルーガンでグルーを塗る。全面でなくてもざっくりでよい。

4

苔をほぐして貼っていく。苔は既製品が便利。

5

フローラルフォームが見えなくなるくらいまで苔を貼り、飛び出したところはピンセットで整える。

Memo

- ガーデンシクラメン、クリスマスローズも同様の方法で制作。足下は苔以外に、細かい化粧石でカバーしてもナチュラルですてき。

- 苔のプリザーブドは花資材専門店などで購入可能。大きな袋に大量に入っている。

ペールブルーのホリゾンタル

| 完成例 | ▶P.30 |

材料

- ☆ デルフィニウム　　　　2〜3本
- ☆ ユーカリ（大きいもの）　1本
- 木の皮の花器
  （フローラルフォームを
  セットしたもの※）　　　1個

※セットの仕方はP.106参照

プリザーブド加工のコツ

- ☆ デルフィニウム…脱水液12時間、保存・着色液12時間、洗浄：約10秒、使用カラー：ブルー＋クリア
- ☆ ユーカリ…葉専用液3日、使用カラー：グリーン　▶▶詳しくはP.65を参照
- ★ デルフィニウムは、ここではアレンジメントしやすい様に茎を残してプリザーブド加工をしたが、花だけをプリザーブドフラワーにすることも可能。ブルーの保存・着色液をかなり多めのクリアで薄めると、このような淡い水色の花を作ることができる。
- ★ ユーカリは全体にグリーンの色が入ったら取り出して、液が浸かっていたところは拭いて使用。すぐに使わない場合は逆さまに吊るして保存する。

作り方

1

ユーカリを大体の大きさに切り分けておく。全部同じ長さではなく、ざっくりと大きさを揃えて切り分ける程度でよい。

2

デルフィニウムは茎を切り分けてから使う。茎が短いものは#26ワイヤーで補強（P.87の15〜18参照）して使うとよい。

3

ユーカリを4本、フローラルフォームの側面に挿す。その4本をつないだ線の中にユーカリを挿し、デルフィニウムは中心に挿した高さから四方にラインを作っていく。

4

全体的にまんべんなくユーカリを挿していく。上から見ると菱形、横から見ると緩やかな山になっているのが理想型。このユーカリの合間に、バランスよくデルフィニウムを配置して完成！

Memo

- フローラルフォームは花器よりも2cmほど高くなるようセットする。

- ホリゾンタルとは水平という意味。横から見てアレンジメントの底辺のラインが揃っていることが美しいホリゾンタルアレンジメントの条件。

ブルーローズのLシェイプ

| 完成例 | ▶ P.31 |

材 料

☆ バラ　　　　　　　　　　13本
☆ キノブラン（写真外）　　　適量
　 花器　　　　　　　　　　1個
　 フローラルフォーム　　　　適量

プリザーブド加工のコツ

☆ バラ…脱水液2日間、保存・着色液2日間、洗浄：なし、使用カラー：スカイブルー ▶▶詳しくはP.75を参照
☆ キノブラン…葉専用液3日、使用カラー：グリーン ▶▶詳しくはP.65を参照
★ 脱水液は1度か2度使ったことのある液を使用する。そうするとスカイブルーの保存・着色液に浸けた場合、元々グリーンだった茎やガクがグリーンがかって仕上がる。これはスカイブルーの液ならではの特徴。

作り方

1 フローラルフォームをざっくりと器の大きさにカット。そのカットしたフローラルフォームの上から、花器を強く押しあてて器の跡をつける。

2  1で押し付けた器のラインに沿ってカットする。器の四隅がやや丸みを帯びているのでフォームも四隅を落とす。表面は軽く面取りしておくと花が挿しやすい。

3  フローラルフォームを花器にセットする。入らない場合はフォームを手でこすったりしてサイズを微調整しながら、花器にぴったりはまるようにすること。

4  1本目のバラを、奥の左寄りの場所に挿す。これがL字のいちばん高い点となる。1本目のバラはなるべくまっすぐのものを選ぼう。

5

2本目は短く切り、1本目と横のラインで揃うよう挿す。この花がL字の横の頂点となる。

6

3本目も短く切り、1本目と縦のラインで揃うように花を手前に向けて挿す。

7

1本目と3本目のバラの間に、写真のように3本のバラを高さを変えながら挿す。

8

7の状態を横から見た様子。バラの頭がきれいなラインになっているのがわかる。

9

7のラインと2本目のバラの間を埋めるように、3本のバラをバランスよく挿す。

10

バラの葉は1枚ずつワイヤーで補強（詳しくはP.87の15〜18参照）して使う。何枚か作っておくと後々便利。

11

10の葉を挿し、フローラルフォームが見えないようにカバーする。

12

空いた場所にバランスよくバラを追加し、隙間はキノブランとバラの葉で埋める。正面から見ても、横から見てもきれいな形になれば完成！

Memo

キノブランは葉専用液のグリーンを吸い上げさせたもの。白い花の部分（厳密には花ではないけれど）はドライ化しているので液の色が入らず、元の白い花色が残っている状態で仕上がる。

お正月のミニミニ門松

| 完成例 | ▶P.32 |

材料　写真左側のアレンジメント

☆ バラ　　　　　　　1輪　　フローラルフォーム
☆ キク　　　　　　　3輪　　　　　　　　適量
☆ トクサ　　　　　　　　　　水引花器、プレートは
☆ イタリアンルスカス　適量　スタイリング用
☆ マツ　　　　　　　1枝
☆ アジサイ　　　　　適量

プリザーブド加工のコツ

☆ バラ…脱水液8時間+ダブル脱水8時間、保存・着色液8時間、洗浄：約10秒、
　使用カラー：クリア→再染色液で着色　▶▶詳しくはP.72を参照
☆ キク…脱水液12時間、保存・着色液12時間、洗浄：約5秒、使用カラー：イエロー・レッドパープル
☆ イタリアンルスカス…脱水液12時間+ダブル脱水12時間、保存・着色液12時間、洗浄：約10秒、
　使用カラー：レモンイエロー+スカイブルー
☆ マツ…脱水液48時間、保存・着色液48時間、洗浄：約10秒、使用カラー：グリーン
☆ トクサ…葉専用液5～7日、使用カラー：グリーン・レッド　▶▶詳しくはP.65を参照
☆ アジサイ…再染色液1日、使用カラー：ブルー+イエロー　▶▶詳しくはP.68を参照

作り方

1 フローラルフォームは竹をイメージした形にカットし、手でこすって丸みを出す。そのフローラルフォームに、トクサをグルーで直接貼り付けていく。

2 トクサの高さはフローラルフォームより少し高めが理想的。貼る前にトクサをフォームにあてて高さを測ってから切るとスムーズ。

3 トクサを1周すべて貼ったら、イタリアンルスカスを奥に挿す。背の高いものを後ろに挿すことで、背景になりボリュームアップもして一石二鳥。

4 バラを挿す。バラのように花首しかないものは、ワイヤーで補強（詳しくはP.72を参照）しておく。キクと水引も同様にワイヤーをかけておく。

5 キクをバラの手前に挿す。少しアンバランスさがある方が、アレンジメント全体に動きが出て楽しい雰囲気になる。

6 水引をバラの少し上に挿す。そして、フローラルフォームが見えているところにアジサイをグルーで貼り付けて完成！

Memo

- 作例右側のアレンジメントも作り方は同じ。マツを背景にし、バラをキクに変更しただけでも雰囲気が変わる！

- 福と書かれた花器には、フローラルフォームをセットしてプリザーブドフラワーのスイセン（P.78で紹介）を挿し、フォームを苔で覆った。スタイリングとして配置した。

- 手前にかわいく遊ぶニワトリと羊も、実はプリザーブドフラワーで作ったもの！ フローラルフォームで土台を作り、そこにプリザーブド加工したスターチスをグルーで貼っていった。

ひな祭りの菱餅として!?

| 完成例 | ▶ *P.33* |

材料

☆ ハボタン　　　　　　　　　3個
　ひな人形、プレートはスタイリング用

プリザーブド加工のコツ

☆ 脱水液24時間以上＋ダブル脱水24時間、保存・着色液24時間、洗浄：10〜20秒、使用カラー：ピンクのハボタン／クリア＋ピンク・白のハボタン／クリア・黄緑のハボタン／スカイブルー＋レモンイエロー

★ ハボタンは葉っぱなので丈夫に仕上がり、滅多にプリザーブド加工を失敗しない植物のひとつ。少し硬めに仕上がることがあるので、液から取り出すときに欠けないように気をつけて。

★ 濃い色に仕上げるときはダブル脱水の必要はない。

★ 傷んでいる葉はちぎる。さらに周りの葉をちぎって中心近くの葉だけを残し、レッドの液に浸けてプリザーブドフラワーにすると、まるでバラの花のような趣に。葉をちぎって大きさを調整することで、印象を大きく変えることができる。

作り方

ハボタンをプレートの上に乗せてスタイリング。ひな人形は100円ショップで購入したものを使用した。手前にハボタンを置くことでぐっとひな祭りらしい空気に！

愛するペットにお供えの花

| 完成例 | ▶P.34 |

材 料

☆ クルクマ　　　1本
☆ ヒメヒマワリ　5輪
☆ ユリ'プチホルン'　2輪
☆ ルスカス　　　1本
☆ デンファレ
　（写真外）　　5輪
☆ キノブラン
　（写真外）　　適量

花器　　　　　1個
フローラル
フォーム　　　適量
#24ワイヤー
（写真外）　3～4本
フローラルテープ
（写真外）　　適量

プリザーブド加工のコツ

☆ クルクマ…脱水液24時間、保存・着色液24時間、洗浄：約5秒、使用カラー：レッドパープル＋クリア
☆ ヒメヒマワリ…脱水液8時間、保存・着色液8時間、洗浄：約5秒、使用カラー：クリア
☆ ユリ…脱水液12時間＋ダブル脱水24時間、保存・着色液12時間、洗浄：約5秒、使用カラー：クリア
☆ ルスカス…脱水液7日間、保存・着色液7日間、洗浄：約5秒、使用カラー：スカイブルー＋レモンイエロー
☆ デンファレ…ビオナチュレ作成液α2とβ2にそれぞれ6時間ずつ　▶▶詳しくはP.64、73を参照
☆ キノブラン…葉専用液3日、使用カラー：グリーン　▶▶詳しくはP.65を参照
★ ヒメヒマワリは脱水しても元の花色である黄色が薄くはなるものの残るので、クリアで仕上げるだけでもきれい。

作り方

1

花器にフローラルフォームをセットする（詳しくはP.106を参照）。花器の形状に合わせて、上部の表面だけは平になるように。

2

茎がありしっかりとしたルスカスとクルクマ以外の花は、ワイヤーで補強・延長していく。ヒメヒマワリは先端にグルーをつけたワイヤーを下から茎に挿す。

3

ユリとキノブランはP.87の**15**～**18**と同じ手法でワイヤーをかける。

4

ユリは花が大きいのでフローラルテープで補強するとさらに安心。

5

ビオナチュレ液で作ったデンファレは硬く壊れやすいので、ワイヤーを花に直接刺さずにグルーで貼る。U字にしたワイヤーの谷の部分をグルーで花の出っ張りに貼り付ける。

6

ルスカスをいちばん奥に挿す。次にクルクマ→ユリ→デンファレ→ヒメヒマワリと大きな順に挿して、隙間にキノブランを挿して完成。花の位置はお好みで。

手作りハッピーハロウィン！

|完成例| ▶P.35 |

材 料

- ☆ カボチャ　　　　　　　　　1個
- ☆ カスミソウ　　　　　　　　適量
- ☆ ルナリア　　　　　　　　　80～90枚
- 　LEDキャンドル型ライト　　3個

プリザーブド加工のコツ

- ☆ カボチャ…脱水液14日間、保存・着色液14日間、洗浄：約20秒、使用カラー：オレンジ
- ☆ カスミソウ、ルナリア…葉専用液3日、使用カラー：カスミソウ／イエロー、ルナリア／グリーン・ピンク・ブルー ▶▶詳しくはP.65を参照
- ★ カボチャは中身をくり抜いて、顔の形とフタをカットしてから液に浸ける。
- ★ ルナリアは中央の白い部分に向かってにじむように色が入って幻想的。

作り方

1

カボチャに切り分けたカスミソウを入れていく。カボチャの実をイメージしてこんもりと盛るように。

2

ルナリアのライトを作る。木工用ボンドをルナリアにつけ、LEDキャンドル型ライトに貼り付ける。

3

2で貼り付けたルナリアの上に、もう1枚ルナリアを貼る。

4

さらに下にもう一枚ルナリアを貼る。下に貼るものはライトの底に沿うよう、半分にカットしてから貼り付ける。

5

2～4を、ライトを一周するまで貼り付けてライトの完成。

Memo

LEDキャンドル型ライトは100円ショップで購入したもの。ライトは色違いでいろいろ作ると楽しい。部屋を暗くしてライトをつけると、ルナリアが灯でほんのり透けてきれい！

111

秋の紅葉、お好きなときに

| 完成例 | ▶P.36 |

材 料

☆ カエデ　　　　　　　　　3本
☆ リンドウ　　　　　　　　2本
☆ 苔（既製品）　　　　　　適量
　　フローラルフォーム　　適量
　　#24ワイヤー（写真外）　適量
　　ゴールドワイヤー
　　もしくは糸（写真外）　　適量

プリザーブド加工のコツ

☆ カエデ、リンドウ…脱水液24時間以上、保存・着色液24時間以上、洗浄：10～20秒、使用カラー：カエデ／イエロー・オレンジ・レッド・グリーン＋クリア、リンドウ（花）／レッドパープル・ブルー、リンドウ（葉）／グリーン
★ カエデは葉に傷のないものを選んで、枝ごとプリザーブドフラワーにした。
★ リンドウは生花のうちに花と茎（ガクの部分は茎に残して）を分ける。花をそっとつまんで、ねじるようにして引っ張ると花の部分だけが外れる。花のとれた部分は小さな穴が空いたままになる。
★ リンドウの花と葉を、脱水液に一緒に浸けても大丈夫。脱水後は色別に保存・着色液に浸けること。保存・着色液から取り出し洗浄・乾燥後、花に木工用ボンドをつけて、花を茎に貼り付けてリンドウの花を再構成する。花を取ったあとに空いている穴に花を挿せば、自然な風合いに再構成できる。

作り方

1

フローラルフォームをざっくりと丸形に切り出し、手でこすってさらになめらかな丸い形にする。これが苔玉の土台になる。

2

苔を小さくひきちぎって、揉みほぐしておく。1の土台を覆えるくらいの分量を用意する。

3

1の土台に木工用ボンドを塗り、苔を貼り付ける。貼った後は上から手のひらでぐっと押し付けて密着させる。これを繰り返して土台全体に苔を貼る。

4

苔を貼ったらそのままでもよいが、ゴールドワイヤーや糸などを苔玉の上からグルグル巻くことで、補強と装飾を行うこともできる。これはお好みで。

5
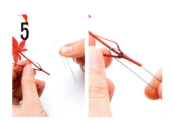

カエデをアレンジする下準備をする。15cmほどにカットしたワイヤーをU字にし、谷の部分をカエデの枝に引っ掛ける。

6

ワイヤーの片方を、2～3周茎に巻き付ける。カエデにはワイヤーをつけるが、リンドウは茎が丈夫なのでそのままでよい。苔玉にカエデとリンドウを挿して完成。

冬の木立と、温かな家

|完成例| ▶P.37 |

材料

☆ カスミソウ　　　　　適量
☆ コチア　　　　　　　3本
☆ アイビー（写真外）　フローラルフォームを覆えるくらい
　家の形の木製オブジェ　3個
　フローラルフォーム（写真外）適量

プリザーブド加工のコツ

☆ カスミソウ…葉専用液3日、使用カラー：イエロー、グリーン、ピンク ▶▶詳しくはP.65を参照
☆ コチア…葉専用液4〜5日、使用カラー：イエロー、グリーン、ピンク
☆ アイビー…脱水液8時間、保存・着色液8時間、洗浄：約10秒、使用カラー：グリーン
★ コチアは茎の導管の内側に葉専用液が入り込んでも葉の表面が厚いので、うっすら液の色が中から浮き出たような感じでプリザーブド加工ができる。単体で見るとほとんど白にみえるので（この段階でプリザーブドフラワーになってはいる）、色をはっきりさせたい場合はその後葉専用液に全体を浸してカラーリングする。約10分で表面に色がつく。

作り方

1

すべてのカスミソウを花首のところで切り分けておく。

2

家の形の木製オブジェに木工用ボンドを塗り、1のカスミソウを貼っていく。ボンドを塗っては花を貼り、の繰り返し。蕾もうまく使って立体的に！

3

フローラルフォームを5cmの正方形にカットする。これを3個作る。

4

フローラルフォームにアイビーをグルーで貼り付けていく。角から貼り、少しずつ葉が重なるように底面以外を貼ってく。

5

フローラルフォーム3個とも同様にアイビーを貼り付ける。その中央にはさみの先端でコチアを立てる穴を空ける。

6

コチアの先端に木工用ボンドをつけ、5の穴に差し込んで完成！

大きな花のシンプルコサージュ

|完成例|▶ *P.38・41*|

材 料

☆ バラ'緑光'　　　　　　1輪
☆ カスミソウ（写真外）　少々
☆ クリスマスローズ　　　花1輪、蕾1個
　 ブローチ台　　　　　　2個

プリザーブド加工のコツ

☆ バラ、クリスマスローズ…脱水液8時間＋ダブル脱水8時間、保存・着色液8時間、
　 洗浄：約10秒、使用カラー：バラ／イエロー、クリスマスローズ／グリーン
　　※要コーティング ▶▶詳しくはP.74を参照
☆ カスミソウ：葉専用液3日、使用カラー：イエロー ▶▶詳しくはP.65を参照

|作り方|

1

花の茎を切り、切り口に接着剤をつける。くっつけたいところに、たっぷりとつけること。

2

ブローチ台に1をつける。しっかりと圧着させる。

3

蕾も茎の先端と側面に接着剤をつけ、花の後ろから少し顔が覗くようにブローチ台に接着する。

4

ブローチ台に隙間があれば、葉も貼り付けてカバー。花と同色のカスミソウなどの小さな花を貼り付けてもかわいい。バラのブローチも同様に制作。

Memo

● アクセサリーのパーツは、アクセサリーパーツ専門店で手に入る。通販もあるのでいろいろ探してみよう！

● コーティングした花は、普通の接着剤では貼り付きが弱い場合がある。一般的によく利用される「酢酸ビニル樹脂系溶剤型接着剤」は比較的さまざまなものに接着できるのでアクセサリー作りでも重宝。私は「カネダイン」や「GPクリヤー」「アロンアルファ」という接着剤をよく使っています。コーティングしている花の、貼り付けたい部分だけを削って接着剤をつけるという手法を使えば、普通の接着剤でも貼り付けることが可能。

手元にバラ咲くうっとりリング

|完成例| ▶P.38・41|

材料

☆ バラ'クリーミーエデン'(蕾)　　2輪
　台座付きリング　　　　　　　　2個

プリザーブド加工のコツ

☆ 脱水液8時間+ダブル脱水8時間、保存・着色液8時間、洗浄：約10秒、
　使用カラー：黄緑色のバラ／イエロー+スカイブルー、グレーのバラ／クリア+ブラック
　▶▶詳しくはP.58-59を参照
　※要コーティング ▶▶詳しくはP.74を参照

|作り方|

1

リングの台座に切り口のサイズを合わせるイメージで、バラの花をガクのギリギリのところで切る。

2

接着剤を1の切り口を中心につける。台座のサイズ分きっちりと接着剤をつけること。

3

きちんと台座に押し付けて、リングにバラを接着。

4

もう一方のリングも同様。1日乾かせば完成！

ヒメヒマワリの髪飾り

| 完成例 | ▶ *P.38・39* |

材料

☆ ヒメヒマワリ　　　　　2輪
　台座付きヘアピン　　　2個

プリザーブド加工のコツ

☆ ヒメヒマワリ…脱水液8時間、保存・着色液8時間、
　洗浄：約5秒、使用カラー：クリア
　※要コーティング ▶▶詳しくはP.74を参照
★ ヒメヒマワリは脱水しても元の色が薄いながらも残るので、クリアで仕上げてもこのようにきれいな山吹色になる。

作り方

1

花をガクのギリギリのところで切る。花の裏側が平らな方が、台座に貼ったときに安定する。

2

接着剤を花の裏につける。台座のサイズ分くらいが分量の目安。

3

台座に貼り付けて完成！　もうひとつも同じように制作する。

Memo

- とても小さくて愛らしいヒメヒマワリは、元気な色合いながら可憐な印象。重ね着けすればヘアアレンジのアクセントとなる。

- 髪にセットするときに、花がついている箇所になるべく触れなくていいヘアピンの形状がおすすめ。その方が扱いやすく、セットすることで花が崩れる心配も少ない。

クチナシが揺れる上品ネックレス

|完成例|▶P.42・45|

材 料

☆ ヤエコクチナシ　　1輪
　ネックレスチェーン　1本
　ジョイント台　　　　1個
　スカシパーツ　　　　1個
　丸カン　　　　　　　3個

プリザーブド加工のコツ

☆ 脱水液8時間+ダブル脱水8時間、保存・着色液12時間、
　洗浄：約10秒、使用カラー：クリアイエロー
　※要コーティング ▶▶詳しくはP.74を参照

作り方

1

ネックレスチェーンを平らな場所に一直線に置き、その中心を指で押さえて動かし、写真のようにしてチェーンの中心をとる。この中心にヤエコクチナシをつける。

2

丸カンで花を貼る台になるスカシパーツと、チェーンを繋ぐ。丸カンは小さいので先が細いペンチを使うと作業がしやすい。2つあるとさらに便利。

3

チェーンにスカシパーツを取り付けた様子。

4

スカシパーツと同様に、ジョイント台もそれぞれ丸カンでチェーンに取り付ける。

5

ヤエコクチナシの花をガクのギリギリのところで切る。

6

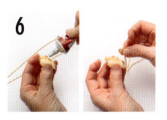

接着剤を花の裏につけ、スカシパーツに貼り付ける。完成。

ピュアホワイトのイヤーカフ

| 完成例 | ▶ P.42・43 |

材 料

☆ ホワイトスター（八重）　3輪
　イヤーカフ台　　　　　　1個
　丸カン　　　　　　　　　1個
　スカシパーツ　　　　　　大小各1個
　パールビーズ　　　　　　1粒
　リボン　　　　　　　　　10〜15cm
　チェーン　　　　　　　　約2cm
　Pピン（写真外）　　　　 1個
　#24ワイヤー（写真外）　約10cm

プリザーブド加工のコツ

☆ 脱水液8時間、保存・着色液8時間、洗浄：約5秒、使用カラー：ホワイト
　※要コーティング　▶▶詳しくはP.74を参照

作り方

1

パールビーズをPピンに通し、ビーズが抜けないようにしながらPピンのワイヤーをペンチで曲げて輪を作る。

2

1で作ったPピンの輪をチェーンに通して、輪を完全に塞いで写真のような状態にする。

3

2を丸カンでイヤーカフ台に取り付ける。

4

スカシパーツに接着剤をつけ、花をつける上下2カ所のイヤーカフ台に貼り付ける。

5

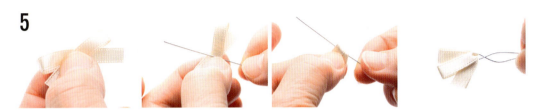

リボンをリボン結びの形にして、ワイヤーで固定する（リボンの作り方はP.91参照）。余ったワイヤーはできるだけ短く切る。

6

5のリボンを接着剤でイヤーカフ台に貼り付ける。パールビーズを取り付けたチェーンの丸カンを隠すイメージ。

7

ホワイトスターの花の茎を、ガクのギリギリのところで切る。

8

7を接着剤でリボンの上と、スカシパーツの上の2カ所に貼り付けて完成！

アシンメトリー・イヤリング

|完成例|▶*P.42・44*

材料

☆ バラ'クリーミーエデン'　　　1輪
☆ ヤエコクチナシ　　　　　　　1輪
　 パール付きマグネットピアス　1対

プリザーブド加工のコツ

☆ バラ、ヤエコクチナシ…脱水液8時間、保存・着色液8時間、
　 洗浄：約10秒、使用カラー：ヤエコクチナシ／クリア＋ブラック、バラ／クリア＋バイオレット
　 ※要コーティング ▶▶詳しくはP.74を参照

作り方

1

それぞれの花をガクのギリギリの
ところで切る。

2

花の切り口に接着剤をつけ、マグネットピアスの台座に貼り付ける。
台座のサイズ分きっちりと接着剤をつけること。

3

グレーのヤエコクチナシも同様
にして、1日乾燥させれば完成。

Memo

- マグネット式のピアスはピアスホールを開けていなくても磁力で装着できることから、着ける人を選ばないスグレモノ。後ろにパールがついているタイプを選べばバックスタイルも華やか。

- 同じ花で左右色を変えても、違う花を左右につけても、そのアンバランス感が面白いデザインなので、好きな花でお試しを！

小さなバラのピアス

|完成例| ▶*P.42*|

材 料

☆ バラ'リトルウッズ'　　4輪
　丸カン　　　　　　　6個
　チェーン　　　　　　6cm
　ピアス金具　　　　　1対
　花座　　　　　　　　4個
　Pピン（写真外）　　 4本

プリザーブド加工のコツ

☆ 脱水液8時間後＋ダブル脱水8時間、保存・着色液8時間、洗浄：約5秒、
　使用カラー：ピンク
　※要コーティング ▶▶詳しくはP.74を参照

|作り方|

1

チェーンを2cmと1cmに切る。それぞれ2本ずつ作る。

2

丸カンのつなぎ目を開いて、ピアス金具と2cmに切っておいたチェーンに通す。作業には先端の細いペンチがあると便利。

3

花座にPピンを通し、Pピンのワイヤーを曲げて輪にする。それを2のチェーンの先端に通す。

4

バラの茎をきれいに切り、その切り口に接着剤をつけて3でつけた花座にバラを貼り付ける。

5

これまでの工程が終わると、このような状態になる。

6

1cmのチェーンも同様に取り付け、バラを接着する。残りの片方も同様に制作したら完成！

121

作品インデックス

本書に掲載した作品を、
カテゴリごとに一覧にしました。
写真の下の数字は掲載ページです。

アート

▶ 作例…20
▶ 作り方…92

アレンジメント

▶ 作例… 14
▶ 作り方… 85

▶ 作例…21
▶ 作り方…93

▶ 作例…22
▶ 作り方…94

▶ 作例… 15
▶ 作り方… 86-87

▶ 作例… 30
▶ 作り方… 105

ブーケ

ファッション

▶ 作例… 31
▶ 作り方… 106-107

▶ 作例… 32
▶ 作り方… 108

▶ 作例…18
▶ 作り方…90-91

▶ 作例…24
▶ 作り方…96-97

▶ 作例… 34
▶ 作り方… 110

▶ 作例… 36
▶ 作り方… 112

▶ 作例…29
▶ 作り方…102-103

▶ 作例…25
▶ 作り方…98-99

アクセサリー

▶ 作例…38・41
▶ 作り方…114

▶ 作例…38・40
▶ 作り方…115

▶ 作例…38・39
▶ 作り方…116

▶ 作例…42・45
▶ 作り方…117

▶ 作例…42・34
▶ 作り方…118-119

▶ 作例…42・44
▶ 作り方…120

▶ 作例…42
▶ 作り方…121

インテリア

▶ 作例…16
▶ 作り方…88

▶ 作例…17
▶ 作り方…89

▶ 作例…19
▶ 作り方…103

▶ 作例…23
▶ 作り方…95

▶ 作例…26
▶ 作り方…101

▶ 作例…27
▶ 作り方…100-101

▶ 作例…28
▶ 作り方…104

▶ 作例…33
▶ 作り方…109

▶ 作例…35
▶ 作り方…111

▶ 作例…37
▶ 作り方…113

好きなプリザーブドフラワーを作って、レッツトライ！

column

もっと本格的に
プリザーブドフラワーのことを
知りたいなら！

本書では初心者さんにもわかりやすい、手作りプリザーブドフラワーの始めの一歩を掲載しました。これらをマスターして、もっと詳しくプリザーブドフラワーのことを知りたいと思ったら、プロの講師が教える教室に行くというのも選択肢のひとつです。「プリザーブドメイキング認定講座」は基本から応用テクニック、さらには人に教えるためのメソッドまで、スキルアップはもちろんのことインストラクターを目指すことだってできる充実の内容。手作りプリザーブドフラワーの魅力をより深く、楽しく学ぶことができます！

---- Memo ----

プリザーブドフラワー認定講座って？

一般社団法人ユニバーサルデザイナーズ協会が主催し、一般財団法人 生涯学習開発財団が認定する手作りプリザーブドフラワーを学ぶコース。仕組みは右記の通り。

問合わせ：ユニバーサルデザイナーズ協会
兵庫県芦屋市東芦屋町15-20
TEL：0120-55-3784　FAX：0797-35-6502
e-mail：hana@seika-co.jp　http://u-ds.jp/

ディプロマ講座

基本からテクニックまで、7つの技法と3つのアレンジの全6過程を通じて学ぶ。花の選択から液の使いこなし方、コツなどを学び、簡単・短時間で質の高いプリザーブドフラワーの制作ができるようになる。

マスター講座

ディプロマ講座で認定証を取得後に参加できる、インストラクターを目指す人のためのワンランク上の教室。技術と応用力を磨いたり、最新技術を学ぶほか、展示会等への作品の出展などの実践も行う。

profile

長井 睦美
(ながい・むつみ)

中学2年生の時に活け花「嵯峨御流」をクラブ活動で始める。草月流を木下夢幻氏に師事。フラワーアレンジメントを神保 豊氏に師事し、プリザーブドフラワーに出会う。独学で試行錯誤をしながらオリジナルのプリザーブドフラワーを作り始め、その楽しさを広めるべく活動している。一般社団法人ユニバーサルデザイナーズ協会代表理事、日本バイオフラワー協会常任理事、オールアバウト プリザーブドフラワーガイド担当。プリザーブドフラワースクール運営の他、花関係のイベントプロデュース、ディスプレー、企業向けのプリザーブドフラワーのデザイン、プランニング、プリザーブドフラワー講師の育成なども手がけ、海外へもプリザーブドフラワー制作技術の指導に赴くなど多方面で活躍中。

special thanks

作品制作、撮影手伝い／しげるみちえ、貝藤和美、廣澤洋子、寺下由紀江、入江清子、中村みこ、落合順子、森本沙央里、桐畑広美、浅井亜由美、堀川恵美子、江口美由紀

協力／株式会社オールアバウトライフワークス、えらぶゆりブランド産地推進協議会、JA利根沼田尾瀬アジサイ生産部会、南条蓮生産組合、株式会社はな里、はなどんやアソシエ、美濃トルコギキョウ研究会

おわりに

　プリザーブドフラワー作りを始めてから、生花への興味がより一層増しました。生花の状態に、プリザーブドフラワーの仕上がりがとても影響されるからです。その興味は、花の種類はもちろんのこと、何処で、誰に、どの様にして作られているのかにも至り、生産地へ出かけて行って多くの生産者の方々との出会いもありました。

　最近開催している親子で花をプリザーブドフラワーにする講習会では、お子さんは興味津々、一緒に来られているお母さまはもっと関心を持ってくださいます。その様子を見ていると年代を超えた手作りプリザーブドフラワーの可能性を感じます。こんなに楽しいことをお伝えできるのは幸せです。また、既にプリザーブドフラワーを作る楽しみを知ってくださった方たちとの「こんな花がプリザーブドフラワーにできた」「こうしたらきれいにできた！」などの楽しい情報交換や話題もつきません。

　そんな中から生まれた本書です。最後になりましたが、たくさんの方々のご協力、ご助言で本書ができましたことを感謝しております。ありがとうございました。

長井睦美

著者／長井睦美

装丁・デザイン／室田征臣、室田彩乃（oto）
撮影／タケダトオル
編集／十川雅子

モデルヘアメイク／藤田成美（Rébecca）
モデル／岡田有香

思い出のブーケや庭の花をより長く楽しみ、
暮らしに取り入れる

いちからはじめる
プリザーブドフラワーの作り方

NDC 793

2017年2月16日 発行

著 者	長井睦美（ながいむつみ）
発行者	小川雄一
発行所	株式会社誠文堂新光社
	〒113-0033 東京都文京区本郷3-3-11
	［編集］電話 03-5805-7285
	［販売］電話 03-5800-5780
	http://www.seibundo-shinkosha.net/
印刷所	株式会社 大熊整美堂
製本所	和光堂 株式会社

©2017, Mutsumi Nagai.
Printed in Japan

検印省略

落丁、乱丁本は、お取り替えいたします。本書に掲載された記事の著作権は著者に帰属します。これらを無断で使用し、展示・販売・レンタル・講習会等を行うことを禁じます。

本書のコピー、スキャン、デジタル化等の無断複製は、著作権法上での例外を除き、禁じられています。本書を代行業者等の第三者に依頼してスキャンやデジタル化することは、たとえ個人や家庭内での利用であっても、著作権法上認められません。

Ⓡ〈日本複製権センター委託出版物〉
本書を無断で複写複製(コピー)することは、著作権法上での例外を除き、禁じられています。本書をコピーされる場合は、事前に日本複製権センター (JRRC)の許諾を受けてください。
JRRC〈http://www.jrrc.or.jp　eメール：jrrc_info@ jrrc.or.jp　電話：03-3401-2382〉

ISBN978-4-416-51711-6